CONSULTATION

POUR

M. LÉZAT DE PONS,

Avocat à la Cour Impériale de Paris.

L'ancien Avocat soussigné,

Vu les pièces d'un procès actuellement pendant devant la deuxième chambre de la Cour impériale de Paris, entre M. Lézat de Pons et l'Administration des chemins de fer de Dieppe et de Fécamp ;

Consulté par M. Lézat de Pons sur le mérite de l'appel qu'il a formé contre le jugement rendu par la première chambre du tribunal civil de la Seine, le 12 janvier 1853,

Est d'avis que cet appel doit réussir.

Avant d'examiner et de discuter les questions que soulève ce procès, il importe de faire bien connaître les principales circonstances qui lui ont donné naissance. Si quelques-unes de ces circonstances paraissent, au premier abord, ne se rattacher qu'à des contestations déjà vidées, on verra plus tard qu'elles ont en réalité un rapport nécessaire avec la contestation pendante, et qu'il est indispensable d'en tenir compte pour que cette contestation soit équitablement résolue. L'étendue que pourra prendre leur *Exposé* sera d'ailleurs compensée par la brièveté qu'elle permettra de donner à la *Discussion.*

FAITS.

M. Lézat de Pons, avocat au tableau du barreau de Paris, avait dirigé, pendant près de trois ans, le service du *Contentieux* de la Compagnie des chemins de fer de Dieppe et de Fécamp, avec une exactitude et un bonheur que l'Administration de cette Compagnie n'essaya jamais de contester.

En dehors de ses fonctions de Directeur du Contentieux, M. Lézat de Pons avait accompli, pour cette même Compagnie, beaucoup d'autres travaux considérables :

Il avait plaidé pour elle jusqu'à *cent soixante-quatorze* procès, soit devant les juridictions ordinaires, soit devant le jury d'expropriation ;

Il avait préparé, conclu, rédigé, et presque toujours écrit de sa main, *deux cent quatre-vingt-*

onze transactions pour l'acquisition des terrains nécessaires à la construction de la ligne de Dieppe;

Il avait ainsi, par des efforts que les conseils mêmes de ses adversaires ont appelés *surhumains*, procuré à la Compagnie de Dieppe l'immense avantage d'acquérir, pour moins d'*un million sept cent mille* francs, une étendue de terrains qui, sur le pied des acquisitions faites presque en même temps et tout à côté, pour la ligne du Havre, aurait dû coûter plus de *six millions;*

Il avait, en outre, constamment entretenu, dans l'intérêt de la Compagnie, une correspondance très-active sur toutes sortes de matières, avec toutes les autorités administratives ou autres et avec tous les tiers intéressés;

Il avait été appelé, à une époque extrêmement critique pour l'entreprise du chemin de fer de Dieppe, à pénétrer dans tous les détails de son administration centrale, pour en mettre à jour et en réparer les graves désordres;

Il avait dû réviser tous ses livres, dont aucun n'était ni établi, ni tenu conformément aux prescriptions, soit du Code de commerce, soit des statuts sociaux;

Il avait eu à contrôler sa comptabilité, qui n'était en règle, ni à l'égard de ses banquiers, ni envers ses actionnaires;

Il avait découvert et signalé de nombreuses irrégularités commises, soit dans la souscription et la transmission successive des titres, soit dans les mesures prises ou à prendre pour la réalisation ou la conservation du capital social;

Il avait ainsi indiqué à MM. les Administrateurs quelles étaient les véritables causes, et jusqu'à quel point ils avaient personnellement à répondre d'un *déficit* d'environ *un million et demi* existant dès lors dans les recettes nécessaires de la Société;

Il avait enfin créé, et en partie exécuté tout un système de réorganisation des écritures de la Compagnie, qui devait embrasser à la fois toutes les opérations du passé, en mettant scrupuleusement en lumière chacune de leurs irrégularités, — et toutes les opérations de l'avenir, en leur donnant toute la régularité, tous les caractères de légalité qui manquaient aux premières.

Le résultat de ces divers travaux extraordinaires de M. Lézat de Pons avait été de rendre possible et prompte l'exécution de la ligne de Dieppe, en réalisant ses acquisitions de terrains avec une économie et une rapidité tout à fait inespérées, — et de prévenir la ruine imminente de la Compagnie, en arrêtant à temps les désordres de son administration centrale (1).

Mais ces importants services rendus à la Compagnie, loin d'attirer à M. Lézat de Pons la gratitude du Conseil d'administration, comme on devrait le penser, inspirèrent au contraire, aux diverses personnes qui composaient ce Conseil, des sentiments malveillants et hostiles à son égard.

Deux motifs, sur la vérité desquels les pièces du dossier ne permettent aucun doute, expliquent cette apparente anomalie :

Premièrement, les membres les plus influents de ce Conseil voyaient avec peine le succès de la ligne de Dieppe, — dans laquelle n'était engagé qu'un modique capital de *dix-huit millions*, — qui offrait, dans le trajet de Paris à la mer, une *économie* de *trente kilomètres* sur la ligne du Havre, et de *soixante-dix kilomètres* sur la ligne de Boulogne, — qui devait, par conséquent, faire une redou-

(1) Ces désordres étaient tels, que le chef de l'administration centrale et ses principaux employés avaient dû être immédiatement congédiés, et avaient même été dénoncés, par le Conseil, à M. le Procureur du roi, pour *Abus de confiance* et crime de *Faux*.

table *concurrence* à ces deux lignes, dans lesquelles ils avaient personnellement d'immenses intérêts, — dont ils étaient ou les banquiers ou les principaux administrateurs, — et où se trouvait engagé l'énorme capital de *quatre-vingt-dix-huit millions;*

Secondement, le Conseil tout entier se voyait sérieusement atteint dans sa responsabilité, soit par les découvertes que M. Lézat de Pons avait eu le devoir de lui signaler, soit par les mesures qu'il avait dû lui proposer pour la réparation du préjudice causé aux actionnaires, soit par les déclarations qu'il avait dû lui faire, sur l'étendue de ses obligations, et qu'il lui avait réellement faites, avec une consciencieuse et honorable fermeté qui ressort de toute sa correspondance (1).

Aussi lorsque, le 25 avril 1848, ses travaux se trouvant à peu près terminés, M. Lézat de Pons en avait présenté le compte-rendu à MM. les Administrateurs; — lorsqu'il avait voulu leur en faire apprécier les difficultés et l'importance; — lorsqu'il leur en avait demandé la juste rémunération et le remboursement d'une partie des frais qu'il avait dû faire pour les conduire à si bonne fin; — lorsqu'il avait insisté enfin pour obtenir de leur part une réponse quelconque à ses diverses réclamations: — MM. les Administrateurs ne lui avaient-ils répondu que par un silence obstiné d'abord, et plus tard, par les procédés les plus regrettables.

Offensé gratuitement, dans une de leurs réunions, par leur doyen d'âge, M. Lézat de Pons leur avait adressé sa démission très-formelle, en termes honorables et dignes, dès le lendemain, 15 juin 1848.

MM. les Administrateurs, qui avaient reçu sa lettre de démission (ainsi qu'ils durent le reconnaître plus tard), n'en avaient pas moins pris, le 3 juillet suivant, c'est-à-dire *dix-huit jours* **après** la réception de cette lettre, une décision par laquelle M. Lézat de Pons était révoqué des fonctions dont il s'était ainsi spontanément et irrévocablement démis. Et, ce qui est encore plus triste à dire, ils n'avaient pas hésité à faire courir aussitôt, sur toute la ligne de Dieppe, une circulaire ayant pour but d'annoncer que « les fonctions confiées à M. Lézat de Pons avaient cessé, à partir du 1er juillet » 1848, *en conséquence* d'une décision du Conseil d'administration en date du 3 de ce mois. »

En présence de pareils procédés, M. Lézat de Pons, surmontant la répugnance qu'il éprouvait à poursuivre en justice d'anciens clients, s'était décidé à demander à l'autorité judiciaire la satisfaction qu'il avait inutilement attendue de l'équité de l'Administration.

Le 13 juillet 1848, il avait donc assigné l'Administration des chemins de fer de Dieppe et de Fécamp devant le tribunal civil de la Seine, à l'effet d'obtenir paiement

1° D'une somme de. 100,000 fr.
qu'il croyait n'être qu'une juste rémunération de ses travaux et de ses services;

2° D'une autre somme de. 12,734
qui lui était due, pour dépenses par lui faites dans l'intérêt de la Compagnie;

3° D'une dernière somme de. 14,000
devant être payée à des tiers, pour des travaux considérables qu'il leur avait commandés, dans le même intérêt;

En tout, d'une somme principale de. . . . . 126,734 fr.
avec les intérêts tels que de droit, à partir dudit jour, 13 juillet 1848.

Cette demande judiciaire n'avait été que la reproduction littérale de la demande amiable présen-

(1) Une partie de cette correspondance est jointe aux pièces qui accompagnent ce travail. On peut se convaincre,

tée par M. Lézat de Pons, dans son Rapport du 25 avril précédent ; — avec cette seule différence que le Rapport du 25 avril avait demandé, en outre, pour M. Lézat de Pons, le droit viager de circuler gratuitement sur la ligne de Paris à Dieppe, droit qu'il eût été peut-être conforme aux usages et au bon goût de lui offrir, mais que M. Lézat de Pons n'avait pas cru devoir revendiquer en justice.

Quelque entières qu'eussent toujours été sa croyance à l'excellence de sa cause et sa confiance dans les décisions de la magistrature, M. Lézat de Pons n'avait pas cru devoir suivre activement l'audience sur une demande qui pouvait exciter les susceptibilités du Conseil de son ordre.

Aucune suite n'avait donc encore été donnée par lui à son assignation du 13 juillet 1848, lorsque, *plus d'un an après* cette assignation, le 18 juillet 1849, il eut la surprise de voir l'Administration prendre tout à coup l'offensive, et former contre lui une *Demande reconventionnelle en reddition de comptes, poursuite et diligences de M. l'administrateur délégué, Théodore Crétu*,

« Attendu que M. Lézat de Pons aurait reçu de la Compagnie *des sommes considérables* dont il » lui aurait dû et ne lui aurait pas rendu le compte ;

» Que, des pièces par lui remises, il aurait résulté qu'il serait resté *débiteur*, envers la Compagnie, » *de sommes considérables;*

» Qu'il aurait *imaginé de prendre les devants* sur les justes réclamations de la Compagnie, en » formant lui-même une demande contre elle ;

» Mais que le tribunal ne pourrait évidemment statuer, entre deux parties qui se prétendaient » respectivement créancières l'une de l'autre, sans qu'au préalable M. Lézat de Pons eût été con- » damné à rendre, d'une manière régulière, en la forme ordinaire et accoutumée, *avec production* » *de pièces à l'appui*, le compte détaillé de son *mandat* et de l'emploi des *sommes considérables* » qui lui auraient été remises. »

Cette grave attaque de l'Administration intéressant au plus haut degré le procès actuel, et s'y rattachant essentiellement, il est indispensable d'en bien apprécier ici les antécédents, les moyens et les suites.

M. Lézat de Pons n'avait certainement jamais entendu se faire le *Comptable* de l'Administration. Il lui avait seulement *indiqué* les divers paiements qu'elle devait effectuer, pour les deux services du Contentieux et des Acquisitions de terrains confiés à sa direction. Et quant à quelques sommes, comparativement *minimes*, qui, dans le cours de ses opérations si nombreuses et si délicates, avaient passé par ses mains, elles avaient eu pour destination exclusive des *dépenses de confiance* dont il avait été expressément convenu que M. Lézat de Pons ne devrait jamais, à qui que ce soit, *aucune, espèce de compte.*

Cependant, pour aider l'Administration à établir *sa propre situation* envers ses actionnaires dans leur prochaine assemblée générale, il lui avait adressé, sous la date du *25 avril 1848*, un *Rapport*

---

en la lisant, que cette fermeté de langage de M. Lézat de Pons s'est constamment tenue dans les limites du devoir et de la convenance, quoiqu'elle ait été appelée *la sévérité de ses admonestations*, s'il faut en croire ce passage d'une lettre que lui écrivait un employé de l'Administration, M. Barbey-Duquil, le 8 juin 1848 : « Il paraît que le grand » grief, que *le seul grief* de ces Messieurs, c'est la *sévérité de vos admonestations*. Ils disent, comme Bridoison : *On* » *se dit bien ces choses-là à... à.. à.. soi-même : mais on ne veut pas se les entendre dire.* »

général déjà cité, dans lequel se trouvait compris le *Compte des Recettes et des Dépenses* faites et à faire, pour les deux services qu'il avait dirigés.

De ce document, soigneusement rectifié, sur quelques points secondaires, par deux lettres explicatives de M. Lézat de Pons au Conseil d'Administration, des 14 et 25 mai 1848 (1), il résultait :

En ce qui touchait la *Recette* des deux services :

Qu'il avait été *déboursé* par l'Administration une somme totale de.		1,543,228 74
sur laquelle il existait encore, *en dépôt* chez divers notaires et autres comptables, un reste disponible de.	17,727 96	
Que *diverses reventes* de bois, de matériaux et d'excédants de terrains, effectuées dès lors au profit de la Compagnie, avaient produit une somme totale de.	31,158 40	
sur laquelle il ne restait plus à recouvrer que	7,880 »	
— qu'il avait donc été déjà *recouvré*, de ce chef.	23,278 40	23,278 40
Qu'il avait été recouvré de plus, à divers autres titres, une autre petite somme de		715 69
Que le total de la *Recette* des deux services s'élevait donc à un chiffre de	1,567,222 83	1,567,222 83
Et que la créance de. . . . . indiquée ci-dessus, étant d'un recouvrement certain, ce total	7,880 »	
pouvait même être considéré dès lors comme s'élevant à. . .	1,575,102 83	

En ce qui touchait la *Dépense* ou l'*Emploi* fait de ce total de la recette :

Qu'il avait été payé :		
Pour le chapitre des *Indemnités de terrains*.		1,413,708 14
Pour le chapitre des *Frais de notaire et autres*.		50,825 40
Pour le chapitre des *Frais spéciaux des deux services* :		
Avec les déboursés de l'Administration.	61,852 38	
Avec le prix recouvré des diverses reventes.	23,108 95	
En tout, pour ce dernier chapitre.	84,961 33	84,961 33
Qu'il restait disponible, *en dépôt* chez divers comptables, comme on vient de le voir.		17,727 96
Que le *Total des Emplois* s'élevait donc, comme le *Total de la Recette*, au chiffre de.		1,567,222 83

(1) Il importe de remarquer que M. Lézat de Pons avait remis à l'Administration, à quelques jours d'intervalle, *deux minutes* de son Rapport du 25 avril. La seconde, tout en rectifiant quelques inexactitudes qui s'étaient glissées dans la première, contenait elle-même deux erreurs qui furent rectifiées par les deux lettres susdatées jointes *aux Pièces*. — Voir la lettre de M. Catala, également jointe aux *Pièces*, et constatant que M. Crétu avait refusé de rendre la première de ces minutes, qui lui avait été redemandée en échange de la seconde, apparemment parce qu'il espérait, dès lors, pouvoir nuire un jour à M. Lézat de Pons, en produisant tantôt l'une, tantôt l'autre minute, selon le besoin du moment.

En ce qui touchait les ***sommes restant dues*** pour solde des trois chapitres :

Qu'il restait à payer :		
Pour *Indemnités de terrains*.		236,065 78
Pour *Frais de notaire et autres*.	9,174 60	
Pour *Frais spéciaux des deux services*, — indépendamment des honoraires particuliers de l'avocat de la Compagnie et de la rémunération de ses collaborateurs.	11,750 »	
Ensemble, pour ces deux chapitres de *Frais divers*.	20,924 60	20,924 60
En tout, pour les trois chapitres afférents aux deux services.		256,990 38
Que cependant, comme il était resté au *crédit* de la Compagnie, — d'une part, la somme de.	17,727 96	
déposée, comme on l'a dit ci-dessus, chez divers comptables, — d'autre part, celle de.	7,880 »	
à recouvrer sur le prix des diverses reventes; — en tout une somme de.	25,607 96	25,607 96
le total à débourser par les caisses de la Compagnie, pour solde de la dépense définitive des trois chapitres, ne devait être que de		231,382 42

En ce qui touchait cette ***dépense définitive*** :

Qu'il devait être payé, *en fin de compte* :		
Pour le chapitre des *Indemnités de terrains*, une somme de. .	1,649,773 92	1,649,773 92
laquelle, par la déduction des.	31,158 40	
formant le prix des diverses reventes réalisées alors, devait même se réduire à celle de.	1,618,615 52	
Pour le chapitre des *Frais de notaire et autres*, environ . .	60,000 »	
Pour le chapitre des *Frais spéciaux des deux services*, non compris les honoraires dus à l'avocat de la Compagnie et à ses collaborateurs.	96,711 33	
En tout, pour les trois chapitres des deux services. . .	1,775,326 85	
après déduction du produit entier des diverses reventes déjà réalisées, — ou, sans cette déduction.		1,806,485 25

Ce fut ce compte, — que M. Lézat de Pons n'avait certes jamais dû, qu'il n'avait établi et présenté que par obligeance pour l'Administration, et dont, par conséquent, il n'avait pas même pensé à demander un *arrêté* quelconque à qui que ce soit, — ce fut ce compte que l'Administration imagina, au bout de quinze mois, de tourner contre lui, pour lui faire imposer la qualification et les obligations d'un *Comptable*.

Or, toutes les pièces justificatives de ce compte, au nombre d'au moins *treize cents*, avaient bien été soigneusement recueillies et vérifiées par M. Lézat de Pons, dans le cours et à la fin de ses travaux, mais elles avaient toutes été immédiatement déposées par ses soins dans les archives de la Compagnie, sur simple *récépissé* des préposés de l'Administration; et pas une seule ne se trouvait plus, ni en original, ni même en copie, entre ses mains.

En sorte qu'en venant ainsi, le 18 juillet 1849, demander reconventionnellement que M. Lézat de Pons fût condamné à rendre le compte détaillé de l'emploi qui avait été fait de la recette constatée par son Rapport du 25 avril 1848, *avec production de pièces à l'appui*, l'Administration ne portait pas seulement à son ancien Avocat le grave préjudice de le représenter, devant les tribunaux et devant ses confrères, comme *un Comptable*, lorsqu'il était certain qu'il n'avait jamais voulu avoir dans la Compagnie cette position incompatible avec sa profession, — de le signaler même aux yeux de tous, comme *un Comptable en retard*, lorsqu'il était également certain que, sans devoir aucunement les comptes relatifs à ses deux services, il les avait officieusement et on ne peut pas plus fidèlement rendus; — l'Administration demandait en outre que M. Lézat de Pons fût condamné à faire ce qu'elle savait lui être tout à fait impossible, à *produire* plus de *treize cents pièces* qu'il lui avait fait remettre et qu'elle retenait elle-même en sa possession.

Mais il y avait, dans la demande reconventionnelle de l'Administration, quelque chose de plus grave.

Tous les comptes que cette demande remettait ainsi en question, le 18 juillet 1849, avaient été, depuis déjà *quinze mois*, soumis à une *Commission de comptabilité* instituée par l'assemblée générale des actionnaires, du 29 avril 1848, et chargée par elle (comme le constate un procès-verbal de cette Assemblée émanant de l'Administration elle-même), « de se livrer à l'investigation des » comptes de gestion depuis l'origine de la Société, et de proposer, s'il y avait lieu, l'adoption des » comptes du dernier exercice. »

Les membres de cette Commission spéciale, — MM. Charles Séguin, président, — Fournier, — Dellorier, — Bailleux de Marizy, premier rapporteur, — et Vuignier, second rapporteur, — n'avaient pas pu accepter, ni surtout accomplir *à la légère* un mandat dont ils reconnaissaient eux-mêmes l'importance et l'étendue, en débutant par ces graves paroles, dans leur Rapport à l'Assemblée générale du 22 juin suivant :

« Nommés, il faut le reconnaître, dans une pensée, sinon hostile, au moins soupçonneuse, vis-à-» vis le Conseil d'Administration du chemin de fer de Dieppe, appelés à contrôler tous ses actes, » nous avons dû remonter aux premiers jours de cette Administration, la suivre pas à pas dans sa » marche, peser chacune de ses décisions, contrôler tous ses livres et tous ses chiffres, juger tous » ses marchés, etc. »

Les comptes des deux importants services du *Contentieux* et des *Acquisitions de terrains* n'avaient donc pas pu manquer de fixer l'attention et d'appeler toutes les *investigations* d'une *Commission de comptabilité* qui comprenait ainsi son devoir.

La Commission s'était livrée, en effet, à un mûr examen de ces comptes. Elle avait entendu, dans des séances de plusieurs heures, la lecture complète que M. Lézat de Pons avait voulu lui faire lui-même de son Rapport du 25 avril, ainsi que les explications surabondantes qu'il avait voulu lui en donner, en présence de l'administrateur délégué par le Conseil d'administration, lequel n'avait pas cru devoir objecter un seul mot au contenu du Rapport, non plus qu'à son commentaire.

Ce même Rapport du 25 avril avait été, immédiatement après la lecture et l'explication qui en avaient été données aux membres réunis de la Commission, remis par M. Lézat de Pons à M. le rapporteur Bailleux de Marizy, et ce dernier l'avait transmis plus tard à son collègue, l'autre rapporteur, M. Vuignier.

En sorte que ce document, le seul, comme il importe de le bien remarquer, qui pût, à cette époque, déterminer exactement la situation des deux services du *Contentieux* et des *Acquisitions de terrains*, était constamment resté aux mains des Rapporteurs mêmes de la Commission, pendant les six semaines qu'avaient duré le contrôle et les délibérations de celle-ci, et jusqu'après la rédaction, la mise au net et l'adoption, par les collègues de MM. Bailleux de Marizy et Vuignier, de leur propre travail.

Ce dernier travail, c'est-à-dire le Rapport de la Commission de comptabilité, qui est devenu, ainsi qu'on le verra bientôt, la cause et la pièce principale du procès actuel, reçut de ses auteurs la date du *20 juin 1848*.

Le 22 du même mois, l'assemblée générale des actionnaires, réunie *extraordinairement* pour en entendre la lecture, en adopta sans réserve toutes les conclusions.

M. Lézat de Pons, bien qu'il eût alors donné sa démission depuis huit jours, avait dû croire que c'était son devoir et son droit d'être présent à une assemblée générale qui allait délibérer sur le mérite de ses travaux et sur l'exactitude de ses déclarations et de ses chiffres. Il s'y était donc présenté. Mais l'Administration avait jugé, de son côté, qu'il était juste et de bon goût de lui en interdire l'entrée. M. Lézat de Pons n'avait donc pas pu prendre personnellement connaissance des conclusions de la Commission, ni du vote de l'assemblée générale du 22 juin 1848.

Jamais cependant, soit durant l'investigation des comptes de gestion, soit depuis, la Commission, ni aucun de ses membres, ne lui avaient exprimé le moindre doute sur l'entière exactitude de ses chiffres, ni sur la réalité, ou sur l'utilité de toutes les dépenses qu'il avait dit être déjà soldées, ou dont il avait réclamé le solde. La Commission lui avait toujours donné, au contraire, tous les témoignages d'une satisfaction complète, et lui avait même adressé, au nom des actionnaires, des remercîments réitérés, pour la régularité, la promptitude, le bon marché et tous les avantages inespérés de toutes ses opérations. Il est même à remarquer, à cet égard, que le procès-verbal de l'assemblée générale du 22 juin, publié par les soins mêmes de l'Administration, constatait, à la page 18 de l'imprimé dont il faisait partie, que les cinq membres de la Commission, divisés sur l'approbation de tous les actes du Conseil d'administration, n'avaient été unanimes que pour louer les opérations relatives aux Acquisitions de terrains.

M. Lézat de Pons savait d'ailleurs, par les déclarations verbales de M. le Rapporteur, Bailleux de Marizy, et par celles de diverses personnes présentes à l'assemblée générale du 22 juin 1848, que la Commission avait proposé, à l'unanimité, et que cette assemblée avait voté, sans aucune restriction, l'approbation de toutes les dépenses annoncées dans son Rapport du 25 avril.

Il était donc en droit de penser, qu'en outre de la fin de non-recevoir tirée de ce qu'il n'avait jamais entendu être le *Comptable* de personne, il allait pouvoir opposer, à l'inconcevable et si tardive *Demande en compte* de l'Administration, cette autre *fin de non-recevoir*, encore plus péremptoire

« qu'en supposant même qu'il eût jamais dû des comptes à l'Administration, ces comptes se seraient » trouvés, en fait, parfaitement *rendus* et souverainement *approuvés*. »

On comprend bien, en effet, que rien ne devait être plus propre à rendre *impossible*, ou tout au moins complétement *irrecevable*, et à faire repousser de prime abord la *Demande en reddition de comptes*, du 18 juillet 1849, qu'une décision par laquelle les parties intéressées elles-mêmes auraient reçu et irrévocablement approuvé *ces mêmes comptes* dès le 22 juin 1848. Une semblable décision devait évidemment constituer, au profit de M. Lézat de Pons, l'autorité de la *chose jugée*. Elle devait être un obstacle invincible à toute nouvelle discussion des comptes de ses deux services. Elle devait infailliblement faire loi pour le Tribunal lui-même, du moment où on lui en démontrerait l'existence, en lui faisant toucher au doigt *l'identité* parfaite des chiffres du Rapport de M. Lézat de Pons, du 25 avril, avec les chiffres du Rapport de la Commission, du 20 juin.

L'important pour lui, c'était dès-lors de pouvoir rendre *évident* aux yeux du Tribunal, par des preuves palpables et officielles, ce fait que des témoignages officieux et des inductions rigoureuses rendaient parfaitement certain à ses propres yeux, le fait de *l'approbation souveraine* donnée à ce qu'on voulait appeler *ses comptes*, le fait de la reproduction complétement *identique* de tous ses chiffres dans le Rapport de la Commission qui avait été lu et approuvé dans l'assemblée générale du 22 juin 1848.

Mais l'Administration, qui, pour le succès des projets qu'elle avait médités contre lui, avait su l'empêcher d'acquérir la connaissance personnelle de ce fait, en lui faisant interdire l'entrée de cette assemblée générale, n'avait pas manqué de prendre aussi ses précautions pour le mettre dans l'impossibilité d'administrer jamais des preuves de cette nature.

Dans le compte-rendu de la séance de cette même assemblée générale qu'elle avait publié au mois de juillet 1848, elle avait bien été obligée de constater, en termes généraux, l'approbation unanime que la Commission avait donnée aux opérations des Acquisitions de terrains ; mais elle s'était soigneusement gardée d'y rien dire des chiffres mêmes dont se composaient les comptes des deux services que M. Lézat de Pons avait dirigés.

Pas un seul de ces mêmes chiffres, pas un mot sur les comptes si importants de ces deux services, non plus que sur les travaux et les réclamations de M. Lézat de Pons, ne se trouvaient d'ailleurs dans les *Extraits du Rapport de la Commission des actionnaires* qu'on avait cru devoir se borner à publier, à la suite de ce compte-rendu.

Il faut se hâter de dire que l'Administration s'était empressée d'aller au-devant de la surprise que devaient faire naître ces inexplicables omissions, en déclarant, à la page 17 de sa publication du mois de juillet 1848, qu'elle se trouvait dans « *l'impossibilité* de reproduire *en entier* le Rapport » de la Commission, *vu son étendue*. » Il est essentiel de bien garder le souvenir de cette déclaration, dont on verra bientôt l'importance.

Comme on vient de l'indiquer, et comme il est facile de le comprendre, en présence de la demande reconventionnelle *en reddition de comptes* déjà rendus et approuvés, à laquelle il se voyait sommé de répondre, M. Lézat de Pons avait le plus grand intérêt à connaître *en entier*, et à pouvoir mettre sous les yeux du Tribunal, les *termes textuels*, et surtout les *véritables chiffres* du Rapport de la Commission, en tout ce qui concernait ses deux services. Or, s'il avait cet intérêt, il devait avoir aussi le droit d'obtenir des auteurs de ce Rapport qu'ils voulussent bien suppléer les omissions calculées des imprimés de l'Administration, en lui donnant les moyens de connaître et de faire connaître *officiellement*, avec la plus grande exactitude, tout ce qu'il leur avait convenu d'affirmer et de faire adopter, touchant ses deux services, dans l'assemblée générale du 22 juin 1848. Il était donc parfaitement autorisé à envoyer, comme il le fit, ses amis auprès de M. le rapporteur Bailleux de Marizy, pour se faire donner ces moyens.

M. Bailleux de Marizy, ancien préfet de la Corrèze, avait été sous-préfet de Dieppe, dans le temps même où M. Lézat de Pons y terminait les travaux qui étaient devenus plus tard la cause de sa demande principale du 22 juillet 1848, et le prétexte de la demande reconventionnelle de [illegible] 1849. Il était d'ailleurs le seul membre de la Commission que M. Lézat de Pons [illegible]. Rien ne fut donc plus naturel que les demandes réitérées que [illegible] M. Bailleux de Marizy, dans le but d'obtenir une connaissance [illegible] du Rapport et de la Commission avait pu inté- [illegible].

[illegible] qui accompagnent ce Mémoire, la correspon- [illegible] M. Lézat de Pons, [illegible] et M. Bail- [illegible] son véritable jour. Elle [illegible] à toute la [illegible] de droiture, de justice et de scru- [illegible] juges.

[illegible] de signaler [illegible]

[illegible] M. Bailleux de Marizy autre [illegible] la surveillance exclu- sive de M. Bailleux de Marizy, mais *une fois de M. Lézat de Pons*, et que M. Bailleux de Marizy [illegible]

[illegible] M. Bailleux de Marizy *de lui confier la copie lue* [illegible], c'est-à-dire le *Manuscrit* même de ce Rapport, dont M. Bailleux de Marizy l'avait informé qu'il venait de recevoir la remise et qu'il pouvait lui donner communication ;

C'est [illegible], M. Lézat de Pons avait formellement écrit à M. Bailleux de Marizy qu'il [illegible], ni le droit, ni l'*intention* de lui demander la *Pièce même* qui venait de lui être rapportée, mais seulement *une copie* dont il voudrait bien lui garantir l'exactitude ; »

C'est enfin, que M. Bailleux de Marizy ayant mieux aimé, pour sa propre convenance, lui envoyer spontanément cette *Pièce même*, nonobstant les termes si positivement contraires de sa demande, M. Lézat de Pons ne lui avait certainement jamais *promis*, ni fait promettre de la rendre.

On va pouvoir juger, au surplus, si lors même que M. Lézat de Pons aurait fait cette promesse, il n'aurait pas bien pu et dû se dispenser de la tenir.

Ce fut le dimanche, 11 novembre 1849, à sept heures et demie du soir, dans les circonstances et par l'intermédiaire indiqués dans un Procès-verbal dont il sera parlé tout à l'heure, que M. Lézat de Pons reçut, de M. le Rapporteur Bailleux de Marizy, le *Manuscrit du Rapport du 20 juin*, qui avait été rendu, trois jours auparavant, à ce dernier, par M. l'**Administrateur délégué, Secrétaire général Théodore Crétu,** aux mains duquel cette Pièce était restée depuis l'assemblée générale du 22 juin 1848.

S'étant aussitôt empressé de chercher dans ce Manuscrit les divers passages qui intéressaient les comptes de ses deux services, M. Lézat de Pons reconnut qu'une partie des chiffres de son propre

Rapport s'y trouvaient *identiquement reproduits* ; mais que, quant à l'autre partie, le Manuscrit du Rapport de la Commission présentait des chiffres tout *différents* des siens.

Or, les chiffres *identiques*, c'étaient les chiffres exprimant des *résultats définitifs*, qu'on n'aurait pu modifier en rien, sans exciter les réclamations de la Commission et des actionnaires, ou sans compromettre grièvement la responsabilité même du Conseil d'administration ; — et les chiffres *différents*, c'étaient des chiffres exprimant une situation temporaire, les seuls qu'il eût été possible de changer, sans nuire à l'Administration, sans alarmer les actionnaires, sans provoquer le désaveu des auteurs du Rapport, les seuls précisément dont le changement pût engager la responsabilité de M. Lézat de Pons, en supposant qu'on parvînt à le faire déclarer *Comptable*.

Et il se trouvait que, partout où le Manuscrit du Rapport du 20 juin démentait ainsi le Rapport du 25 avril, au profit de la demande reconventionnelle *en reddition de comptes* formée contre M. Lézat de Pons, *poursuite et diligences de M. Théodore Crétu*, partout le Manuscrit du 20 juin, dont M. *Théodore Crétu* avait été si longtemps dépositaire, présentait les marques certaines d'un *grattage*, d'une *surcharge*, ou d'une *interpolation*.

M. Lézat de Pons avait entendu déjà parler d'un fait très-grave, dont il a pu, depuis, acquérir et joindre à son dossier des preuves positives. On lui avait dit qu'en 1837 l'administration du *théâtre des Variétés*, dont M. *Théodore Crétu* était alors le membre le plus occupé, avait été poursuivie judiciairement, par la Commission des auteurs dramatiques, et par M. le Préfet de la Seine lui-même, pour *détournement de deniers publics* et pour *crime de Faux* ; — et que, si une ordonnance de non-lieu était intervenue, le 5 août 1837, sur cette double plainte, cette ordonnance avait été précédée d'un double désistement qui avait dû ôter toutes ses armes à la Justice, et d'une double transaction, dont le résultat avait été de faire verser dans la caisse des auteurs dramatiques une somme de **83,825 fr. 15 c.**, et dans la caisse des hospices, une autre somme aussi très-considérable.

Comment, — en présence de ces souvenirs, — en présence de la certitude où il était de l'entière approbation donnée à tous ses chiffres, et par conséquent de leur reproduction fidèle dans le véritable Rapport de la Commission, — en présence d'*altérations évidentes* de l'écriture primitive, non du *brouillon*, mais de la *mise au net* de ce Rapport, concordant exactement avec les différences de chiffres qui pouvaient seules rendre possible la demande reconventionnelle de M. *Théodore Crétu* ; — comment M. Lézat de Pons n'aurait-il pas au moins soupçonné que ces différences inexplicables avaient été introduites après coup dans la pièce confiée à la garde de M. *Théodore Crétu*, — qu'elles étaient le résultat d'une manœuvre coupable destinée à préparer et à soutenir l'attaque méditée contre lui, — qu'en un mot, le Manuscrit du 20 juin avait été **falsifié** à son préjudice ?

M. Lézat de Pons fit alors ce qu'il était dans son droit, ce qu'il était de son devoir de faire, ce que la Justice doit le louer et non le blâmer d'avoir fait ; il demanda que cette pièce fût aussitôt déposée, à tout événement, aux mains d'un officier ministériel, et qu'un Procès-verbal fût immédiatement dressé, pour constater son état matériel et les circonstances qui venaient de la mettre ainsi providentiellement sous ses yeux.

Cet important dépôt et le soin de cette constatation furent acceptés par Mr Binet, huissier à Paris, dont tout le monde au palais a connu l'honorable caractère, et qui vient de mourir Président de sa Compagnie.

Me Binet dressa son Procès-verbal le même jour, 11 novembre 1849, à dix heures et demie du soir, c'est-à-dire trois heures seulement après que la Pièce envoyée par M. Bailleux de Marizy fut parvenue à M. Lézat de Pons.

Tout ce qui est dans ce Procès-verbal est vrai; mais tout ce qui est vrai n'y est pas. A une pareille heure, beaucoup de remarques importantes avaient dû nécessairement échapper aux yeux les plus clairvoyants, comme à l'attention la plus scrupuleuse. Une partie de ces remarques sont signalées à la suite de cet acte du 11 novembre, qu'il ne faut pas manquer de lire aux *Pièces justificatives* ci-annexées.

Nous devons nous borner ici à un résumé succinct des constatations qui résultent, soit du Procès-verbal du 11 novembre, soit de l'examen très-attentif auquel nous nous sommes livré nous-même, sur l'état matériel du Manuscrit du 20 juin. Nous dirons plus tard de quelle importance sont ces constatations, à l'appui de la Demande que M. Lézat de Pons soumet aujourd'hui à la Cour.

Le Manuscrit se compose de 61 feuillets écrits par deux copistes différents. Les feuillets 21, 22 et 44 sont les seuls où il soit question des comptes relatifs aux deux services de M. Lézat de Pons. Ils sont aussi les seuls où se remarquent en grand nombre des altérations considérables de l'écriture primitive. Des fractions de lignes et des lignes entières y ont été supprimées par le grattoir. Plusieurs mots y sont, ou écrits sur des grattages, ou surchargés, ou intercalés après coup. Tous les changements paraissent être de la même main, et cette main n'est pas toujours celle qui a fait la première écriture. Le feuillet 22 présente de nombreux caractères d'interpolation qui seront énumérés dans la discussion à laquelle il donnera lieu ci-après.

En ce qui concerne les *chiffres* (ce qui est le point capital dans l'affaire), ces trois feuillets du Manuscrit du 20 juin présentent les altérations suivantes :

A la place du nombre de.	1,413,708 14
qui exprimait, d'après le Rapport du 25 avril, le montant des *paiements effectués* pour *Indemnités de terrains*, le feuillet 21 porte le nombre de (1). . .	**1,432,096 08**
Il y a, comme on le voit, contradiction sur les *sept derniers chiffres*; — et le Procès-verbal du 11 novembre constate qu'au recto du feuillet 21 les *sept derniers chiffres* de ce nombre sont posés sur un endroit où le papier a été *altéré par le grattage*.	
A la place du nombre de.	236,065 78
indiquant les *paiements restant à effectuer* pour ce chapitre, le feuillet 21 porte le nombre de.	**217,677 84**
Ici encore il y a contradiction sur les *sept derniers chiffres*, et le même Procès-verbal établit que les *sept derniers chiffres* de ce nombre sont également *posés sur un grattage*.	

(1) On aura soin, dans ce travail, d'écrire en **caractères différents** tous les chiffres extraits, ou résultant, soit du Rapport de la Commission, soit des Rapports, ou des Conclusions, ou des Écrits de l'Administration, qui, directement ou indirectement, démentiront les chiffres du Rapport de M. Lézat de Pons du 25 avril, ou ceux qui sont la conséquence nécessaire des énonciations de ce Rapport.

A la place du nombre de 204,907 38
exprimant la somme qui resterait *à débourser*, en supposant que le produit des diverses reventes fût déduit tout entier de la somme restant *à payer* pour le même chapitre, le feuillet 21 porte le nombre de. **186,519 44**

Cette fois il y a contradiction sur *tous les chiffres*; — or il suffit de jeter les yeux sur le feuillet 21 pour se convaincre que tous les chiffres de ce nombre ont été altérés; les *sept derniers* ont été *posés sur un grattage*, et le *premier* a été *surchargé* de manière à laisser voir très-clairement que du 2 on a fait un **1**.

A la place du nombre de 96,711 33
exprimant la dépense faite pour *Frais spéciaux des deux services*, le feuillet 22 porte le nombre de. **100,000 00**

écrit tout entier sur un grattage.

A la place du total de 156,711 33
exprimant la dépense des deux chapitres de *Frais divers*, le feuillet 22 porte le nombre de. 1**60,000 00**

dont le premier chiffre est intact et les sept derniers sont posés sur un grattage.

Toutefois, on verra plus loin la preuve que le feuillet 22 n'est tout entier qu'une *interpolation*, et que les grattages qu'il présente n'ont dû être pratiqués que dans le but de dissimuler cette interpolation, et de préparer au besoin une excuse à tous les autres grattages plus sérieux du Manuscrit.

Ce n'est que dans ce feuillet 22, évidemment refait après coup, que figure le nombre inexplicable de **68,674 51**
mis à la place du chiffre véridique et approuvé de 84,961 33

exprimant le total des *paiements effectués* pour *Frais spéciaux des deux services*.

A la place du nombre de 20,924 60
indiquant ce qui restait *à payer* pour les deux chapitres de *Frais divers*, le même feuillet 22 porte le nombre de **40,500 09**

Ce dernier nombre se retrouve au feuillet 44, avec une altération et des circonstances dont il sera parlé plus loin et qui indiquent qu'il n'a pas pu être écrit, tel qu'il est, au cours même de la copie.

Le nombre erroné de **186,519 44**

qu'on a déjà vu résulter d'une des altérations du feuillet 21, se trouve reproduit par une autre altération, dans ce feuillet 44. Le Procès-verbal du 11 novembre constate qu'en cet endroit du Manuscrit, les *sept premiers* chiffres sont *posés sur un grattage*; et il est facile de se convaincre, par un examen attentif, qu'il en est de même du *huitième*.

Enfin, à la place du nombre de 231,382 42

exprimant le total de ce qui restait *à débourser*, par les caisses de la Compagnie, pour solde des trois chapitres afférents aux deux services de M. Lézat de Pons, le même feuillet 44 porte le nombre de **227,019 53**

Le démenti donné ici au Rapport de M. Lézat de Pons porte sur les *sept derniers chiffres* de ce nombre ; — or, le Procès-verbal du 11 novembre constate que les *sept derniers* chiffres du même nombre sont *posés sur un grattage*.

Quant au nombre de. **2,023,625 13**

dont le Procès-verbal constate que *tous les chiffres* sont écrits *sur un grattage*, et à celui de **2,100,000** 00

dont le même Procès-verbal établit que *tous les chiffres, moins les deux derniers zéros*, sont également *posés sur un endroit où le papier a été altéré par le grattage*, — il suffira de faire remarquer que ces deux nombres, résultant d'opérations particulières à MM. les Commissaires, et formant les totaux dans la composition desquels entraient les nombres altérés dont il vient d'être parlé, il avait été indispensable qu'ils fussent altérés à leur tour.

Depuis ce jour du 11 novembre 1849, où s'étaient faites la plupart des constatations dont il vient d'être parlé, le Manuscrit du 20 juin fut soigneusement tenu sous clef par Me Binet, jusqu'à ce qu'il le déposât lui-même au greffe du tribunal de première instance de la Seine, où il est encore, en exécution d'un jugement de ce tribunal, qui fut rendu d'accord entre toutes les parties, et dont il pourra être parlé plus tard.

M. Lézat de Pons ne tarda pas à se convaincre de la prudence et de l'utilité des mesures qu'il avait cru devoir réclamer le 11 novembre 1849. Il eut, dès le lendemain, la surprise d'apprendre, par une nouvelle communication de M. Bailleux de Marizy, un fait singulier, auquel il faut donner ici la plus grande attention.

Ce Rapport de la Commission des actionnaires, dont il n'avait d'abord *paru utile* de publier que des *Extraits*, et que l'Administration s'était déclarée « dans *l'impossibilité* de reproduire *en entier*, » vu son étendue, » à cette époque de juillet 1848, où la reproduction entière aurait pu avoir au moins un intérêt d'actualité, soit pour les actionnaires, soit pour le public, — ce même Rapport avait été cependant *reproduit en entier*, malgré son étendue, à une époque où personne ne pouvait plus avoir aucune espèce d'intérêt à cette reproduction entière, et où la Compagnie avait déjà fait les frais de la reproduction partielle.

M. Lézat de Pons fit longtemps d'inutiles efforts pour savoir exactement par qui ces deux publications avaient été ordonnées, et à quelles dates elles avaient été faites. Ce ne fut qu'après la solution définitive de son premier procès qu'il put obtenir, par le bureau de la librairie du Ministère de l'intérieur, les renseignements suivants :

« Le premier Rapport, celui du 29 avril 1848, a été livré le *31 juillet 1848* ; il a été tiré à 1000 » exemplaires.

« Le second, celui portant en son titre : *Assemblée générale extraordinaire des actionnaires, du* « *2 juin 1848*, tiré à 500 exemplaires, a été livré le *15 janvier 1849*.

« C'est à M. Crétu, employé à l'administration des chemins de fer de Dieppe et de Fécamp, que « cette livraison a été faite par l'imprimeur. C'est la même personne qui a prescrit l'impression des « deux Rapports. »

On ajouta verbalement que, d'après la déclaration de l'imprimeur, M. Crétu avait vivement insisté pour qu'on donnât à la publication de 1849 le faux millésime de 1848.

Or, pourquoi une pareille [illegible] de la part de M. Théodore [illegible] ? Pourquoi une pareille contradiction entre les paroles et les [illegible] production, impr[illegible], tardive, dispendieuse, [illegible] ?

[illegible] question a [illegible] [illegible] pas [illegible], et si, en parcourant [illegible] se rappor- [illegible] aux exemplaires des deux [illegible] [illegible] que toutes les [illegible] [illegible]

[illegible] Lézé de Pons [illegible] des faits si importants [illegible] de l'autre [illegible] du Rapport du 20 juin 1848 [illegible] les besoins de [illegible] ont été commises pour [illegible] 18 juillet 1849.

Voici en effet ce qui [illegible] 20 juin, et de la publication complète qui en avait été tardivement publiée, [illegible] reconventionnellement le compte à M. Lézé de Pons :

En ce qui touchait les *résultats effectifs*, c'est-à-dire les *sommes qui devaient être payées en fin de compte* pour chacun des trois chapitres de ces deux services :

Aucune espèce de modification n'avait été introduite dans le Rapport du 20 juin, ni sur le chapitre des *Indemnités de terrains*, qui s'y trouvait porté, comme dans le Rapport du 25 avril, à.		1,649,773 92
ni sur le chapitre des *Frais de notaire et autres*, qui, comme dans le Rapport du 25 avril, y figurait pour.		60,000 »
Une seule augmentation de.	3,288 67	
y avait été faite au chapitre des *Frais spéciaux des deux services*, que le Rapport du 25 avril avait portés à. . . .	96,711 33	
et que le Rapport altéré du 20 juin élevait à.	100,000 00	100,000 00
A reporter. . . .		1,809,773 92

Report. 1,809,773 92

En sorte que, sur ce premier ordre de chiffres, — dont aucune modification n'aurait pu intéresser en rien la prétendue *comptabilité* de M. Lézat de Pons, et qu'on n'aurait pu *diminuer*, sans engager la responsabilité de l'Administration elle-même, sans l'exposer à l'obligation de parfaire de sa propre bourse, entre les mains des ayants droit, tout ce qui aurait été arbitrairement retranché de la dette réelle de la Compagnie, — et sans rendre d'ailleurs impossibles certains profits dont il devra être parlé plus tard, — il n'y avait entre le total de. . . 1,809,773 92
donné par le Rapport altéré du 20 juin, et le total de. 1,806,485 25
donné par le Rapport du 25 avril, d'autre différence que la petite *augmentation* qui vient d'être signalée, de. 3,288 67

En ce qui touchait le *crédit* de la *situation actuelle* des deux services, c'est-à-dire les *sommes déjà payées* pour chacun des trois chapitres :

Aucune espèce de différence n'existait non plus, entre le Rapport du 20 juin et le Rapport du 25 avril, sur la *somme payée* pour le chapitre des *Frais de notaire et autres*. Comme il n'y avait, en tout, que **trente-trois** *parties prenantes* qui eussent participé à la répartition ce cette somme, il eût été trop facile, en obtenant de chacun d'elles un *duplicata* de sa quittance, de faire tomber immédiatement tout démenti qu'on aurait essayé de donner, sur ce point, au Rapport du 25 avril. Aussi le Rapport du 20 juin reproduisait-il très-exactement, jusque dans la fraction de *quarante centimes*, son véritable chiffre de. 50,825 40

Mais sur la *somme payée* pour le chapitre des *Indemnités de terrains*, la contradiction avait beaucoup plus de chances de réussir. Il s'agissait ici, en effet, de près d'*un million et demi*, se répartissant entre près de **cinq cents** *parties prenantes*, presque toutes assez mal disposées envers M. Lézat de Pons par le zèle qu'il avait mis à défendre les intérêts de la Compagnie contre leurs énormes prétentions, et de qui il ne pouvait certainement pas attendre le moyen de combattre les démentis donnés à ses chiffres, eût-il dépendu d'elles de le lui fournir. L'importance totale des paiements qu'elles avaient reçus pouvait donc bien être, ou *augmentée*, ou *diminuée*, sans qu'on eût beaucoup à craindre que M. Lézat de Pons fût jamais en mesure de la rétablir *par pièces*. Pour le motif qui va se montrer tout à l'heure, on s'était décidé à l'*augmenter*.

Le Rapport du 25 avril avait déclaré qu'il n'avait été payé, en *Indemnités de terrains*, que. 1,413,708 14

Le Rapport altéré du 20 juin prétendait qu'il aurait été payé. 18,387 94

de plus, c'est-à-dire, un total de. 1,432,096 08 1,432,096 08

Par contre, on avait eu grand soin de *diminuer* le chiffre des *sommes*

A reporter. 1,482,921 48

Report 1,482,921 48

payées pour le chapitre des *Frais spéciaux des deux services*. C'était surtout sur ce chiffre, il faut bien le remarquer, que la contradiction pouvait espérer un plein succès. Ici, en effet, les *parties prenantes* n'étaient pas seulement en très-grand nombre; il était de plus absolument impossible à M. Lézat de Pons, soit d'invoquer le témoignage de la plupart d'entre elles, soit même de les désigner en aucune manière. Car, dans ce chiffre étaient comprises ces *dépenses de confiance* déjà signalées qui, par leur nature même, excluaient toute possibilité de contrôle, — dont la justification devait se trouver tout entière dans les résultats qu'elles auraient fait obtenir, — que M. Lézat de Pons n'aurait certes, ni dû, ni voulu faire, s'il n'avait pas été bien expressément convenu qu'il lui suffirait d'en indiquer le montant, sans autre indication d'aucune sorte, pour qu'elles fussent aussitôt reconnues et soldées par l'Administration, — qu'il ne pouvait pas *détailler* enfin sans compromettre le repos d'autrui et sans manquer à la foi promise envers des tiers en venant étaler, dans des comptes, ou dans des débats publics, leurs noms, et le prix qu'on avait pu mettre à leur obligeance, d'ailleurs très-légitime, envers la Compagnie.

Il y avait, en outre, cette importante circonstance, que les seuls deniers de la Compagnie qui eussent réellement passé par les mains de M. Lézat de Pons, avaient été exclusivement appliqués à des paiements faits pour le chapitre des *Frais spéciaux des deux services*.

Diminuer le chiffre de ces paiements, dans le Rapport du 20 juin, qui formait, selon les adversaires eux-mêmes, *la minute des délibérations de l'Assemblée générale des actionnaires*, et constituait dès-lors un *arrêté* souverain de tous les comptes qui s'y trouvaient compris, c'était évidemment enlever, à une partie des dépenses déclarées par M. Lézat de Pons, le bénéfice de l'approbation souveraine qu'elles avaient reçue; c'était charger gravement sa responsabilité de *comptable*, si l'on parvenait à le faire considérer comme tel. — Tandis que, au contraire, *augmenter* dans le même document le chiffre des paiements faits pour *Indemnités de terrains*, ce n'était pas du tout décharger d'autant cette responsabilité de M. Lézat de Pons, les deniers employés à ces sortes de paiements n'ayant pas passé par ses mains, bien qu'ils eussent été mis à sa disposition.

On vient de voir l'*augmentation* qu'avaient reçue en conséquence les *sommes payées* pour *Indemnités de terrains;* voici la *diminution* qu'on avait fait subir en même temps au montant des sommes payées pour *Frais spéciaux des deux services* :

M. Lézat de Pons avait très-expressément déclaré, dans son Rapport du

A reporter. 1,482,921 48

Report. **1,482,921 48**

25 avril, qu'il avait été *payé déjà*, pour ce chapitre, une somme de. 84,961 33

Le Rapport altéré du 20 juin soutenait qu'il aurait été payé, pour le même chapitre. **16,286 82**

de moins, c'est-à-dire, seulement une somme de. . . . **68,674 51** **68,674 51**

Il résultait de là que le *Total des sommes déjà payées*, pour l'ensemble des trois chapitres, se serait élevé, d'après le Rapport altéré du 20 juin, à un chiffre de. **1,551,595 99** 1,551,595 99

lequel aurait surpassé même, d'une différence de. . . **2,101 12**

le chiffre de.. . . . . 1,549,494 87

formant le total des paiements réellement effectués alors, d'après le Rapport du 25 avril.

Mais il y avait sur ce point, entre les deux Rapports, cette différence essentielle que les paiements déclarés par M. Lézat de Pons avaient été réalisés à la fois au moyen des *déboursés* de l'Administration et du *prix recouvré des diverses reventes*; — tandis que le Rapport du 20 juin faisait croire que la totalité de ces paiements aurait été réalisée au moyen des *seuls déboursés* de l'Administration, en appliquant, aux paiements *restant à faire*, le produit entier, soit recouvré, soit à recouvrer, des diverses reventes.

De telle sorte qu'en premier lieu, l'Administration aurait ainsi déboursé. . **8,367 25**

de plus que la somme de. 1,543,228 74

à laquelle s'étaient pourtant bornés ses *déboursés*, d'après le Rapport du 25 avril;

Et qu'en second lieu, le *dépôt* chez divers comptables d'une somme de.. **17,727 96**

dont le Rapport du 25 avril affirmait l'existence, et l'*emploi* que le même Rapport déclarait avoir été fait, en paiements de *Frais spéciaux des deux services*, d'une autre somme de **23,108 95**

provenant des recouvrements déjà effectués sur le *prix des diverses reventes*, pouvaient être l'un et l'autre remis en question, dans une *Demande en reddition de comptes*, sans que les énonciations du Rapport altéré du 20 juin y missent obstacle.

En ce qui touchait le *débit* de la *situation actuelle* des deux services, c'est-à-dire les *sommes restant à payer* pour chacun des trois chapitres :

Puisque le Rapport du 20 juin ne différait en rien du Rapport du 25 avril, ni sur la *somme devant être payée en fin de compte*, ni sur la *somme déjà payée*, pour le chapitre des *Frais de notaire et autres*, il ne pouvait pas en différer non plus sur la *somme restant à payer*, pour ce même chapitre; cette somme était donc, d'après l'un comme d'après l'autre Rapport, de. . . . . 9,174 60 — 9,174 60

Mais, sur les *sommes restant à payer*, pour les deux autres chapitres, des différences capitales existaient entre les deux Rapports;

D'après le Rapport du 25 avril, il ne restait plus *à payer*, pour *Frais spéciaux des deux services*, que. . . . . . 11,750 »

D'après le Rapport altéré du 20 juin, il y aurait eu encore *à payer* pour ce chapitre. **31,325 49**

En sorte que le *total restant à payer*, pour *Frais divers*, aurait été de. **40,500 09**

d'après le Rapport altéré du 20 juin, tandis qu'il n'était en réalité que de. . . . . 20,924 60 — 20,924 60

d'après le Rapport du 25 avril;

C'est-à-dire que le Rapport altéré du 20 juin *augmentait* arbitrairement le *débit* du chapitre des *Frais spéciaux des deux services*, d'une différence de. . **19,575 49**

sur laquelle il faudra revenir tout-à-l'heure.

Quant au chapitre des *Indemnités de terrains*, puisque la *somme à payer en fin de compte* était fixée, dans les deux Rapports, au même chiffre de. . . . . 1,649,773 92 — 1,649,773 92

et puisque le Rapport altéré du 20 juin *augmentait* le chiffre de. . . . . 1,413,708 14 — 1,413,708 14

exprimant le montant de toutes les *sommes déjà payées*, pour ce chapitre, d'après le Rapport du 25 avril, d'une différence de. **18,387 94**

en l'élevant comme on l'a vu, à. . . **1,432,096 08** **1,423,096 08**

— il fallait bien que le Rapport altéré du 20 juin diminuât, d'un autre côté, la somme de. . . . . 236,065 78 — 236,065 78

qui restait à payer pour ce même chapitre, d'après le même Rapport, de cette même différence de. **18,387 94**

— Et c'est ce qu'il faisait effectivement, au *recto* du feuillet 21 du Manuscrit, et à la page 29 de l'imprimé, en réduisant cette somme à celle de.. . . **217,677 84**. **217,677 84**

A reporter . . 236,065 78 — **217,677 84**

Report. . . .		236,065 78	2**17,677 84**
Cette altération en avait rendu nécessaire une autre, qu'il faut signaler, dans l'opération qui suivait, au même endroit du Rapport du 20 juin.			
On a vu que M. Lézat de Pons avait porté au *crédit* de la Compagnie une somme de	31,158 40	31,158 40	31,158 40
formant le *prix des diverses reventes*, sur laquelle il avait déclaré que. . .	23,278 40		
avaient été déjà *recouvrés* et *employés*, jusqu'à concurrence de 23,108 f. 95 c. à des paiements de *Frais spéciaux des deux services*, et que le reste de. . .	7,880 »		
étant d'un recouvrement *certain*, pouvait être considéré comme se trouvant dès-lors à la disposition de la Compagnie.			
La Commission ayant considéré, en effet, la somme *entière* comme *encaissée* déjà, l'avait retranchée tout entière de la *somme restant à payer* pour *Indemnités de terrains*, afin d'arriver au chiffre qui restait à *débourser* pour solde de ce chapitre. Cette opération avait dû lui donner pour résultat le chiffre de		204,907 38	
Mais, par la diminution de		**18,387 94**	
indroduite, après coup, dans le premier terme de l'opération, ce résultat avait dû être changé en celui de . .		**186,519 44**	**186,519 44**

et c'est en effet ce nombre qui figure à cet endroit du Rapport altéré du 20 juin. On a déjà dit qu'à la première inspection du Manuscrit, il est aisé de voir que le premier des huit chiffres qui composent ce nombre, est devenu un **1** par la surcharge d'un 2, et que les sept autres chiffres sont tous posés sur un grattage.

En appliquant ainsi à des paiements *restant à faire* pour *Indemnités de terrains*, la totalité d'une somme, dont la plus grande partie, *recouvrée* dès lors, avait servi à des paiements *déjà faits* pour *Frais spéciaux des deux services*, le Rapport du 20 juin n'aurait porté aucun préjudice à M. Lézat de Pons, s'il avait d'ailleurs maintenu les chiffres des *paiements déjà effectués*, pour les deux mêmes chapitres, dans toute leur vérité, c'est-à-dire tels que les avait déclarés le Rapport du 25 avril. Cette mesure n'aurait eu, dans ce cas, d'autres résultats que de compenser les *recouvrements* opérés sur le *prix des diverses reventes* avec le *dépôt*, existant chez divers comptables, de ce qui n'avait pas encore été employé sur les *déboursés* de l'Administration, en exagérant un peu le chiffre de ces déboursés, pour faire l'appoint.

Mais par sa combinaison avec cette mesure, l'altération des deux chiffres exprimant les *paiements effectués*, pour les deux chapitres des *Indemnités de terrains* et des *Frais spéciaux des deux services*, ne devait pas avoir seulement pour résultat de faire appliquer l'approbation de la Commission et de l'assemblée générale des actionnaires à cet excédant de déboursés de **8,367 25** dont il a été parlé ci-dessus (excédant qui n'avait servi presque en totalité qu'à payer à M. le banquier Osmont, un des administrateurs, des *Commissions de banque*, que ni la Commission des actionnaires, ni l'assemblée générale, n'avaient ni approuvées, ni même connues, comme le constatent les déclarations positives de M. le rapporteur, Bailleux de Marizy); — Elle avait surtout pour but de livrer à la contradiction la situation de celui qui aurait été déclaré *comptable* des recettes et dépenses accusées dans le Rapport du 25 avril, de découvrir sa responsabilité sans compromettre celle de l'Administration, de rendre possible, en un mot, la contestation qu'on se proposait de soulever plus tard sur l'existence du *dépôt* et de l'*emploi* dont il vient d'être parlé.

Les projets de l'auteur des altérations du Rapport du 20 juin achèveront de se manifester dans ce qui reste à dire pour compléter l'exposé de ces altérations.

Comme on vient de le faire voir, le Rapport altéré du 20 juin avait *augmenté* le *débit* du chapitre des *Frais spéciaux des deux services* d'une différence *arbitraire* de . . **19,575 49**

Par compensation, on n'avait pas manqué de *diminuer*, arbitrairement aussi, le *débit* du chapitre des *Indemnités de terrains*.

Mais on s'était bien gardé de *diminuer* celui-ci de la somme même dont on avait *augmenté* l'autre. Une exacte *égalité* entre la différence *en plus* et la différence *en moins* n'aurait pas assez bien fait perdre la trace des chiffres de M. Lézat de Pons, et aurait trop bien pu mettre sur la voie de la manœuvre destinée à lui donner un double *démenti*. Pour déguiser cette manœuvre (sans toucher, d'ailleurs, aux *résultats définitifs* de façon à compromettre l'Administration en quoi que ce soit), on avait eu la précaution de diminuer le chiffre *restant à débourser* pour solde des *Indemnités de terrains*, d'après le Rapport du 25 avril, d'une somme excédant de **4,362 89**
l'augmentation qu'on venait de faire au chiffre *restant à débourser*, d'après le même Rapport, pour solde des *Frais spéciaux des deux services*.

En effet, le Rapport du 25 avril, qui avait déjà constaté qu'une grande partie de la somme de 31,158 40 produite par les diverses reventes, avait été employée à des paiements de *Frais spéciaux des deux services*, n'avait pas pu, comme le Rapport du 20 juin, retrancher cette somme entière du chiffre de. 236,065 78
restant à payer pour *Indemnités de terrains*; il avait seulement porté au *crédit* de la Compagnie la somme réellement *disponible* de. 25,607 96
— ce qui réduisait la somme *restant à débourser*, pour solde des *Indemnités de terrains*, au chiffre de. 210,457 82

Lors donc qu'au verso du feuillet 44 du Manuscrit, et à

A reporter. . . . 210,457 82 **23,938 38**

Report. . .	210,457 82	**23,938 38**
la page 58 de l'imprimé, le Rapport altéré du 20 juin réduisait, de son côté, ce chiffre à.	**186,519 44**	
il *diminuait* bien réellement le *débit* du chapitre des *Indemnités de terrains* d'une différence de.	**23,938 38**	

surpassant, en effet, de la petite différence que nous venons d'indiquer le chiffre de l'*augmentation* faite au *débit* du chapitre des *Frais spéciaux des deux services*.

Et comme il avait bien fallu, de manière ou d'autre, rétablir l'*équilibre* entre l'*augmentation* et la *diminution*, on s'était rattrapé sur le chiffre du *total restant à recouvrer*, pour solde des *trois chapitres*.

Dans le Rapport du 25 avril, ce total était, comme on l'a vu, de.	231,382 42	
Dans le Rapport altéré du 20 juin, on avait imaginé de le réduire à.	**227,019 53**	
Différence.	**4,362 89**	**4,362 89**
précisément la somme même qui, retranchée de la *diminution* arbitraire du *débit* des *Indemnités de terrains*, faisait reparaître exactement l'*augmentation* arbitraire de.		**19,575 49**

opérée dans le *débit* des *Frais spéciaux des deux services*.

On voit avec quelle habileté tout avait été combiné pour dissimuler la fraude et pour en assurer le succès.

Le plus grand soin de ceux qui avaient pu concevoir le plan de toutes ces altérations avait dû être, on le comprend bien, d'en calculer les effets de manière à n'exciter, ni les réclamations des actionnaires, ni même le désaveu des signataires du Rapport du 20 juin. Or, ces réclamations et ce désaveu, sur lesquels on aurait dû bien compter sans doute, si l'on s'était avisé d'*augmenter* visiblement la *dette* de la Compagnie, ne devaient être nullement à redouter, si l'on trouvait le moyen de *diminuer* au contraire cette même *dette*. C'est pourquoi les *résultats* généraux, ou *définitifs*, qui pouvaient seuls appeler l'attention, soit des signataires du Rapport, soit des actionnaires, parce que seuls ils pouvaient intéresser ou leur fortune, ou leur responsabilité, n'avaient subi que des changements imperceptibles, et favorables, plutôt que nuisibles à leurs intérêts.

Ainsi, en définitive, on déclarait la Compagnie *libérée* de.	**1,551,595 99**
quand elle ne l'était en réalité que de.	1,549,494 87
C'était une petite différence de.	**2,101 12**

et elle était *en plus*.

Ainsi, au lieu de. 231,382 42
qu'elle avait *à débourser* encore, on affirmait qu'elle n'avait plus à débourser
que. **227,019 53**

C'était une autre petite différence de. **4,362 89**

et celle-ci était *en moins*.

Loin donc qu'ils eussent à se plaindre du résultat des nouveaux chiffres du Rapport du 20 juin, les actionnaires, ou leurs délégués, avaient au contraire à s'en applaudir, puisqu'ils devaient y voir une *augmentation* dans le montant de leur *libération*, et une *diminution* dans le montant de leur *dette*.

Que les *éléments* des deux chiffres de cette libération et de cette dette fussent répartis avec plus ou moins de sincérité, entre les trois chapitres de dépenses des deux services, — cela était bien capital *pour* ou *contre* la demande reconventionnelle *en reddition de comptes* méditée par l'Administration, puisque de l'*identité*, ou de la *dissemblance* des chiffres du Rapport du 20 juin avec ceux du Rapport du 25 avril, devait résulter, ou une *fin de non-recevoir péremptoire* contre cette demande, ou un *argument redoutable* en sa faveur ; — mais cela ne faisait absolument rien aux membres de la Compagnie, qui semblaient ne devoir pas en payer un centime de plus, ni un centime de moins.

Il n'y avait donc que M. Lézat de Pons qui pût se plaindre d'une *répartition mensongère* des *sommes payées* et des *sommes restant à payer* sur les divers chapitres des deux services qu'il avait dirigés; car il n'y avait que lui qui dût souffrir de cette manœuvre.

Ce n'était en effet que contre lui qu'avaient pu être imaginées toutes ces *falsifications* des chiffres relatifs à ses deux services, dans la *minute des délibérations de l'Assemblée générale du 22 juin 1848*. Ce n'était qu'à lui que la reproduction de ces falsifications, dans la seconde publication qui avait été tardivement faite de cette pièce, devait occasionner un grave préjudice.

Or, ce préjudice, dont la gravité sera en effet constatée plus loin, pouvait se réaliser de deux manières :

L'Administration pouvait s'armer résolument, ouvertement, de prime abord, du Rapport altéré du 20 juin, à l'appui de sa demande reconventionnelle *en reddition de comptes* contre M. Lézat de Pons. Elle pouvait venir dire au Tribunal :

« La preuve que M. Lézat de Pons doit être condamné préalablement à rendre le *compte détaillé* de ses deux services, la preuve que le compte compris dans son Rapport du 25 avril » n'a été nullement, ni *approuvé*, ni *arrêté*, c'est que voici une pièce officielle, la *minute des* » *délibérations de l'Assemblée générale des actionnaires du 22 juin 1848*, l'œuvre même d'une » *Commission spéciale de comptabilité* chargée de se livrer à *l'investigation de tous les comptes*, » depuis l'origine de la société jusqu'à la fin du dernier exercice, voici le Rapport du 20 juin, » qui non-seulement *diffère* du Rapport de M. Lézat de Pons sur les chiffres de la *recette*, mais » qui *dément* formellement tous les chiffres de la *dépense*, sur tous les chapitres de ses deux » services, un seul excepté.

» En effet, d'après le Rapport du 20 juin, il est constant que l'administration a déboursé,

» pour ses deux services.	1,551,395 99
« D'après le rapport du 25 avril, elle n'aurait déboursé que.	1,543,228 74
» Différence.	**8,367 25**
« Le Rapport du 25 avril affirmait qu'il existait dans les caisses de divers » comptables un *dépôt* de.	17,727 96
» et qu'il aurait été *employé*, par M. Lézat de Pons, en *Frais spéciaux des* » *deux services*, une somme de.	23,108 95

» qui serait provenue de recouvrements effectués sur le produit de diverses » reventes. — Non seulement le Rapport du 20 juin ne fait aucune mention » ni de ce *dépôt*, ni de cet *emploi*, mais il résulte positivement de ses énon- » ciations qu'ils n'ont existé ni l'un ni l'autre.

« Il résulte positivement aussi des énonciations du Rapport du 20 juin, » que M. Lézat de Pons *diminuait* indûment, dans son Rapport du 25 avril, » l'importance des paiements effectués au moyen de fonds qui ne lui avaient » pas été confiés, afin de pouvoir *augmenter* indûment l'importance des » paiements faits au moyen des fonds qui avaient passé par ses mains, et » dont il devait le compte ;

« Ainsi, au lieu de.	1,432,096 08
» que le Rapport du 20 juin constate avoir été réellement payés, pour *Indem-* » *nités de terrains*, par les notaires et autres intermédiaires de la Compagnie, » M. Lézat de Pons prétendait qu'il n'aurait été payé que.	1,413,708 14
» Différence.	**18,387 94**
» Et ce n'était qu'à la faveur de cette diminution qu'il pouvait prétendre » ensuite qu'il aurait été payé, pour *Frais spéciaux des deux services*, avec » des fonds ayant en partie passé par ses mains, une somme de	84,961 33
» au lieu de celle de.	**68,674 51**
» qui avait été réellement payée, d'après le Rapport du 20 juin ;	
» Différence.	**16,286 82**
« Le Rapport du 25 avril élevait le *reste à payer* pour *Indemnités de terrains* » à.	236,065 78
» — Le Rapport du 20 juin rétablit ce reste à.	**217,677 84**
« Différence.	**18,387 94**
« Le *reste à débourser*, pour solde du même chapitre, aurait été, d'après » le Rapport du 25 avril, de.	210,547 82
» — D'après le Rapport du 20 juin, il n'est que de.	**186,519 44**
» Différence.	**23,938 38**

» Le Rapport du 20 juin constate qu'il *reste à payer*, pour *Frais divers*. . .	**40,500 09**
» — D'après le Rapport du 25 avril, il n'aurait resté à payer que.	20,924 60
» Différence.	**19,575 49**
» Le Rapport du 25 avril voulait enfin que le *reste à débourser*, pour solde » des trois chapitres, fût de.	231,282 42
» — Le Rapport du 20 juin établit que ce reste à débourser n'est que de.. .	**27,019 53**
» Différence.	**4,362 89**

» Bien loin donc que le Rapport du 20 juin puisse être, en aucune manière, la ratification des » comptes présentés dans le Rapport du 25 avril, bien loin qu'il constitue, au profit de M. Lézat » de Pons, une *fin de non-recevoir* plausible contre la demande en reddition de comptes qui lui » est intentée, ce Rapport établit positivement, au contraire, qu'il y a eu, dans les comptes du » 25 avril, de nombreuses inexactitudes, sur lesquelles le tribunal doit enjoindre à M. Lézat de » Pons de s'expliquer. »

Tels pouvaient être, tels auraient été, sans aucun doute, le langage de l'Administration et l'usage qu'elle aurait fait du Rapport falsifié du 20 juin, pour le soutien de sa *Demande en compte* du 18 juillet 1849, si les choses s'étaient passées comme on avait pu les imaginer d'abord, et si des circonstances inattendues, sur lesquelles il faudra revenir bientôt, n'avaient pas dérangé toutes les prévisions. Telle était la première manière dont l'Administration pouvait profiter, contre M. Lézat de Pons, de la falsification du Rapport du 20 juin.

Il y avait une seconde manière moins agressive, moins audacieuse, mais qui pouvait être tout aussi efficace.

L'Administration pouvait ne pas parler la première du Rapport du 20 juin. Elle pouvait soutenir sa *Demande en reddition de comptes*, comme si ce Rapport n'avait jamais existé, ou comme s'il n'avait jamais regardé en rien M. Lézat de Pons, attendre que M. Lézat de Pons essayât de s'en faire lui-même une arme pour combattre cette demande, et se borner à lui répondre alors en ces termes :

« Le Rapport de la Commission du 20 juin ne saurait figurer dans ce debat. Les comptes qu'il » présente ne sont pas vos comptes; la situation qu'il établit n'est pas votre situation; les dé- » penses qu'il reconnaît et approuve ne sont pas du tout vos dépenses; ses calculs ne sont pas » les vôtres; ses chiffres n'ont, pour la plupart, rien de commun avec vos chiffres.

» Il est bien vrai que les chiffres par lesquels le Rapport du 20 juin exprime ce qui devra » être payé en fin de compte pour les divers chapitres de vos deux services, sont presque tous » identiques avec ceux de votre rapport ; mais cette identité n'intéresse en rien votre propre » situation ; elle ne prouve rien sur vos dépenses ; elle n'influe en rien sur la balance de votre » dépense avec votre recette.

» Les seuls chiffres du Rapport du 20 juin où se trouve intéressée votre responsabilité de » *comptable*, les seuls, par conséquent, dont l'*identité* avec vos chiffres impliquerait l'appro- » bation de votre compte par la Commission, ce sont précisément ceux qui n'ont rien de com- » mun avec les vôtres.

» Ce n'est donc pas de votre compte qu'il s'agit dans le Rapport du 20 juin ; ce n'est donc pas » votre compte que la Commission reconnaît et approuve ; ce n'est donc pas votre compte que » l'assemblée générale des actionnaires a voté, en adoptant les chiffres du Rapport de la Com- » mission ; vous ne pouvez donc pas soutenir qu'il y ait *chose jugée* sur la question de votre » compte ; vous ne pouvez donc pas prétendre en aucune manière que les comptes fournis à » l'assemblée générale du 22 juin soient une *fin de non-recevoir* contre la demande en compte » à laquelle nous venons vous sommer de répondre. »

Telle était la seconde manière de profiter, contre M. Lézat de Pons, de la falsification du Rapport du 20 juin.

Ces deux systèmes se résument et se font mieux comprendre par ces deux mots :

Dans le premier cas, c'était une *arme offensive* que la falsification du Rapport du 20 juin mettait aux mains de l'Administration;

Dans le second cas, c'était une *arme défensive* que la falsification du Rapport du 20 juin faisait tomber des mains de M. Lézat de Pons.

Dans l'un et l'autre cas, le mal que cette falsification devait faire à M. Lézat de Pons était inévitable.

Les choses ayant été ainsi préparées et combinées à loisir, on avait d'abord attendu de pied ferme qu'il fût donné suite à la demande principale du 13 juillet 1848. Et comme, pour les honorables motifs expliqués plus haut, M. Lézat de Pons avait cru devoir user à cet égard d'une grande longanimité, on n'avait *pas hésité à entrer en lice*, ainsi que l'annonçaient avec quelque emphase les conclusions reconventionnelles ; et la *Demande en reddition de comptes* du 18 juillet 1849 avait éclaté.

Toutefois, la découverte vraiment providentielle des altérations commises sur le Manuscrit du 20 juin, à laquelle avaient abouti les actives démarches faites par M. Lézat de Pons, à la première nouvelle de cette inconcevable attaque, était venue déconcerter, ou considérablement modifier au moins tous les plans de l'Administration ; elle était venue l'avertir de la grande prudence qu'il lui importait de mettre dans les explications auxquelles le Rapport du 20 juin pourrait donner lieu devant la justice.

Se servir de cette pièce comme d'une *arme offensive*, la produire soi-même dans l'instance contre M. Lézat de Pons, — il ne fallait plus y penser. On connaissait les mesures prises par M. Lézat de Pons pour le *dépôt* du Manuscrit et pour la *constatation* de son *état matériel*. On était bien sûr qu'il ne manquerait pas d'attaquer le Rapport du 20 juin par la voie de l'*inscription de faux incident*, sur l'admission de laquelle aucune contestation n'eût été possible, dans le cas où la pièce aurait été ainsi produite par ses adversaires.

Se borner à prétendre que le Rapport du 20 juin ne pouvait pas servir d'*arme défensive* à M. Lézat de Pons, qu'il ne pouvait constituer aucune *fin de non-recevoir* à son profit, c'était donc le seul parti prudent ; ce fut celui qu'on adopta.

Encore même prit-on de très-habiles précautions de langage pour n'appeler aucune explication dangereuse sur ces *différences de chiffres*, qui étaient assurément l'argument capital que M. Lézat de Pons pouvait avoir à redouter pour sa *fin de non-recevoir*, mais qu'on savait trop bien provenir d'une manœuvre coupable, pour oser provoquer à leur égard un débat judiciaire.

« Il soutient qu'il a rendu compte et que ce compte a été *arrêté*, » disait-on, en réponse aux défenses de M. Lézat de Pons, dans un *écrit imprimé* qui fut plus tard visé par le jugement du tribunal ; « il a rendu compte ; il l'a adressé le 25 avril 1848. La Commission l'a arrêté; » car d'une part, ses préposés ont reçu des pièces justificatives ; et, de l'autre, dans un Rapport » adressé à l'Assemblée générale au mois de juin 1848, elle en a reproduit et adopté les » chiffres. »

» Que le compte ait été adressé, c'est ce qui n'est pas douteux. Qu'il ait été *arrêté* par la » Commission, **il serait difficile de le soutenir, en invoquant les termes du Rapport » du 20 juin 1848.** M. Lézat de Pons, ne *figurait* ni dans la Commission, ni dans l'Assem- » blée à laquelle s'adressait le Rapport. Les chiffres présentés n'étaient qu'*à l'état d'évalua-* » *tion.* C'était *un aperçu de compte*, plutôt qu'un compte définitif, que la Commission » présentait. Ce qui le prouve, c'est l'appréciation des actes notariés et des frais et honoraires » des agents de la Compagnie, portés à un chiffre rond de **160,000 fr.**; sauf règlement » ultérieur. »

Ainsi donc, on affirmait bien qu'**il serait *difficile* à M. Lézat de Pons, de soutenir que son compte eût été arrêté, en invoquant les termes du Rapport du 20 juin 1848.** Mais au lieu d'en donner courageusement pour preuve la *différence* essentielle du plus grand nombre des chiffres de ce Rapport, d'avec ceux du 25 avril, on n'osait s'étayer que de ces considérations puériles que « M. Lézat de Pons n'avait *figuré*, ni » dans la Commission, ni dans l'Assemblée générale; » que « c'était un *aperçu* de » compte que la Commission présentait, » et que « les chiffres présentés n'étaient qu'*à l'état* » *d'évaluation.* » On disait cela d'un ensemble de chiffres dont *un seul*, celui qu'on citait pour *exemple* des autres, se trouvait ne pas contenir des *fractions de francs*, et dont tous les autres, *sans exception*, se terminaient par des *centimes ;* par **92 c.**, par **40 c.**, par **52 c.**, par **8 c.**, par **51 c.**, par **44 c.**, par **9 c.**, par **53 c.**, etc.

Un pareil choix d'arguments ne permettait pas de douter qu'on ne voulût fuir le terrain des explications, tout en maintenant l'impossibilité, pour M. Lézat de Pons, de trouver une *fin de non-recevoir*, contre la *Demande en compte*, dans le Rapport du 20 juin.

En cet état de choses, que pouvait faire M. Lézat de Pons?

Produire lui-même le Manuscrit *falsifié* du 20 juin, et prendre immédiatement la voie de l'*inscription de faux incident civil* contre cette pièce?

C'était son droit, nous le pensons; car, sous l'empire de l'art. 214 du Code de procédure civile rédigé à dessein en termes différents de ceux de l'article de l'ordonnance on peut s'*inscrire en faux* contre *une pièce que l'on produit soi-même* dans une instance.

Mais d'abord, ce droit, *bien que positif*, pouvait être contesté; c'eût été une nouvelle complication d'un procès très-compliqué déjà.

Et puis, ce grave incident pouvait être mal interprété, dans l'espèce. M. Lézat de Pons pouvait craindre qu'on ne le considérât comme un moyen audacieux de se soustraire aux justifications qui lui étaient demandées. Tout devient aisément matière à *soupçons*, quand il s'agit de comptes qu'on refuse de rendre.

Enfin, et ceci était une considération souveraine pour l'empêcher de prendre, dans le premier procès, la voie de l'*inscription de faux*, qu'il a dû prendre dans le procès actuel,

Dans une matière aussi grave, aussi délicate que l'est une articulation *de faux*, il ne suffit pas d'avoir soi-même l'entière conviction que l'acte criminel a été commis, il faut de plus être en mesure d'en fournir une démonstration complète, péremptoire, invincible, comme celle que M. Lézat de Pons peut donner aujourd'hui de la falsification du Rapport du 20 juin.

Or, à l'époque des débats sur la *Demande en reddition de comptes*, il y avait loin de la certitude que M. Lézat de Pons avait dès lors de cette falsification, à la possibilité de faire passer cette conviction dans l'esprit des magistrats saisis du litige.

Le système des altérations du Rapport du 20 juin avait été en effet si habilement combiné, que, ni l'état matériel du Manuscrit, malgré toute l'évidence des modifications qu'il avait subies, — ni la reproduction complète que l'Administration avait trouvé bon d'en faire, à une date encore ignorée à cette époque, malgré tout ce que cette seconde reproduction pouvait avoir d'étrange, — ne suffisaient pourtant pas à M. Lézat de Pons pour rendre manifeste à tous les yeux la fraude qui n'était pas douteuse aux siens, ni surtout pour en faire apprécier exactement la portée, dans l'instance qu'il soutenait alors.

Il ne pouvait parvenir à ce double résultat que par un de ces deux moyens :

Ou par une déclaration précise, formelle, positive, des signataires du Rapport du 20 juin, — reconnaissant que ce Rapport, tel qu'il avait été publié par l'Administration, n'était pas leur œuvre, — attestant que tous les chiffres de cette publication qui démentaient en quoi que ce soit les chiffres de M. Lézat de Pons, sur les trois chapitres de ses deux services, leur étaient complétement étrangers,—exprimant, en un mot, un **désaveu** *explicite, clair et net*, de tous les chiffres qui n'étaient pas la reproduction *identique* des siens;

Ou, — à défaut de ce *désaveu catégorique*, — par un long travail, par d'interminables recherches, par des opérations compliquées, des comparaisons patientes, des inductions laborieuses, à l'aide enfin de bien des renseignements et de beaucoup de pièces, qui lui manquaient encore, et qu'il n'a pu se procurer, depuis, qu'avec beaucoup de temps et d'efforts.

Comme il pouvait s'y attendre, le premier de ces deux moyens lui manqua. La Commission n'existait plus, à partir de l'Assemblée générale du 22 juin 1848, où avait été approuvé son Rapport et où avait expiré son mandat. La minute de son travail était restée depuis cette époque au pouvoir de l'Administration.

Ses divers membres ne pouvaient donc plus répondre qu'isolément, et, la plupart, seulement de mémoire, aux questions qui leur seraient adressées, sur les points qu'avait touchés ce travail, et sur la solution qui leur avait été donnée. Les souvenirs qui peuvent rester encore au bout de dix-huit mois, sur un certain nombre de chiffres déterminés, dans la mémoire de personnes accoutumées à voir passer chaque jour sous leurs yeux des milliers de nouveaux chiffres, ne sauraient guère embrasser que l'ensemble de ces chiffres, et non leurs détails.

Il est d'ailleurs naturel qu'on ait grand soin, non-seulement de ne rien dire qu'à bon escient, mais encore d'éviter autant que possible de rien dire, ou tout au moins de pousser la réserve et la circonspection jusqu'à la réticence, lorsqu'on est prévenu qu'une *accusation de FAUX*, contre des gens haut placés, peut résulter des réponses qu'on va faire, surtout si ces réponses ne sont provoquées que par un tiers intéressé, et non par la Justice elle-même.

Pour tous ces motifs, et peut être pour quelques autres qui ne peuvent pas trouver place dans ce travail, il fut alors impossible à M. Lézat de Pons d'obtenir, des quatre signataires du Rapport du 20 juin, ce *désaveu formel et unanime* des modifications introduites dans leur Manuscrit, qui eût coupé court à la demande reconventionnelle, en lui donnant un moyen sûr de poursuivre à l'instant même, par la voie de l'*inscription en faux*, des altérations d'où résultait pour lui la perte d'une *fin de non-recevoir* péremptoire contre cette demande.

Le premier auquel M. Lézat de Pons s'adressa fut le seul qui voulut répondre, avec quelque franchise, à quelques-unes des questions qui lui furent posées. Le second, qui avait pu déjà soupçonner le résultat possible des réponses qu'on lui demandait, ne les fit qu'avec la réserve et de la manière évasive constatées par la lettre de M. Louis de Planet, jointe aux *pièces*. Les deux autres, informés par leurs collègues du motif des fréquentes tentatives faites par M. Lézat de Pons pour arriver jusqu'à eux, prirent si bien leurs précautions, qu'aucune de ces tentatives ne put réussir. Ce ne fut que bien longtemps après la solution définitive des contestations alors pendantes, qu'on put recevoir d'eux les déclarations consignées dans les lettres collectives ci-jointes, de MM. de Sainte-Rose et de Séré.

Rien n'était plus positif assurément, comme on le verra plus tard, que les déclarations qu'avait déjà faites, dès les premiers jours, M. le Rapporteur Bailleux de Marizy, — en son nom d'abord, et bientôt après au nom même de l'autre Rapporteur M. Vuignier, — sur l'approbation complète et unanime que la Commission avait donnée à toutes les dépenses de M. Lézat de Pons, et à tous les chiffres de son Rapport du 25 avril.

Mais ces déclarations ne contenaient aucun désaveu *explicite* des chiffres *contradictoires* qu'on avait introduits dans le Rapport du 20 juin. MM. les Rapporteurs, dans leurs explications incohérentes et embarrassées, semblaient au contraire, accepter ces derniers chiffres, par les efforts qu'ils faisaient pour en concilier les *divergences* avec leur approbation de tout ceux de M. Lézat de Pons, au moyen de l'allégation complétement erronée d'une *différence de date* entre la situation qu'aurait donnée leur Rapport du 20 juin, et la situation qu'avait donnée son rapport du 25 avril.

Ces témoignages de MM. les Rapporteurs, garantis par la signature de M. Bailleux de Marizy, pouvaient donc bien établir dès lors qu'il y avait *chose jugée* sur la question des comptes redemandés à M. Lézat de Pons, et que l'approbation de toutes ses dépenses se trouvait bien en effet *implicitement* comprise dans certains chiffres du Rapport imprimé du 20 juin. — Mais, formulés comme ils l'étaient dans la lettre de M. de Marizy du 25 novembre 1849, et isolés encore des témoignages inutilement attendus des autres membres de la Commission, ils ne pouvaient pas alors servir de base certaine à une demande *en inscription de Faux*. — L'Administration ne manquait pas d'ailleurs d'alléguer qu'ils n'étaient au bout du compte que l'*opinion personnelle* de M. Bailleux de Marizy, dont elle appelait les lettres, sans trop d'atticisme peut-être, *des lettres* **de complaisance** *que M. Lézat de Pons était allé* **QUÊTER**. — Ces témoignages avaient donc besoin d'être accompagnés de preuves que M. Lézat de Pons ne possédait pas encore, de démonstrations qu'il a portées, depuis, au dernier degré de l'évidence, et qu'à cette époque il n'avait pu encore qu'ébaucher à peine.

Les travaux considérables qu'il a dû faire, pour décomposer, dans ses moindres fils, la trame frauduleuse ourdie contre lui, n'ont pas pu être en effet l'œuvre de quelques jours, ni même de quelques mois. Le Conseil soussigné, qui a passé — sans la regretter — toute une semaine à les lire, ne peut pas douter qu'ils n'aient exigé les efforts soutenus de plusieurs années. Il a fallu à M. Lézat de Pons toute la persévérance, toute l'énergie de volonté que le sentiment de l'honneur blessé peut donner à un homme de cœur, pour accomplir comme il l'a fait une si laborieuse tâche.

Ces travaux ne purent donc pas prendre place dans les débats sur la demande reconventionelle en reddition de comptes. Ils ne purent donc pas servir à faire introduire *l'inscription de Faux* contre les altérations qui avaient rendu cette demande possible.

En sorte que M. Lézat de Pons n'eut ni l'un ni l'autre des deux moyens qui auraient pu lui servir à faire partager à la Justice sa conviction sur la *falsification* du Rapport du 20 juin. Il se borna donc, devant les juges de la demande en reddition de comptes, à une *simple affirmation* du fait de cette falsification.

Cette affirmation, il la fit faire à l'audience, — il la renouvela dans une production distribuée au tribunal, communiquée aux adversaires, — comme pour donner une date certaine à sa propre certitude, comme pour faire tomber d'avance tout argument qu'on pourrait vouloir tirer un jour de son silence sur un fait de cette gravité.

« Le rapporteur de la Commission, M. de Marizy, déclare que la Commission avait entendu » ratifier le paiement de cette somme pour le service du Contentieux ; et, pour travestir cette » intention première, *on a osé* **falsifier** les chiffres figurant sur la minute de ce Rapport. » Ce furent là les propres paroles de la défense de M. Lézat de Pons, que le journal *Le Droit* reproduisit textuellement, dans son numéro du lendemain, 16 février 1850.

Dans sa production du 18 mars suivant, qui provoqua une réponse de l'Administration sur des points très-secondaires, M. Lézat de Pons se demandait : « Pourquoi le *Rapport* **altéré** *du* » 20 *juin* augmentait ainsi fictivement la dette des deux services ? » Et il ajoutait plus bas : « La place me manque ici pour exposer le mécanisme de cette chicane, qui devait avoir une bien » grande importance dans les projets de M. *Théodore Crétu*, puisqu'elle a pu donner lieu aux » **altérations** *constatées par le Procès-verbal de l'huissier Binet, du 14 novembre dernier.* »

Un fait significatif qu'il faut remarquer ici en passant, c'est que pas un mot ne fut opposé, ni au nom des adversaires, ni par eux, à cette double affirmation, si grave, si positive, si publique.

Peut-être eût-il été plus utile aux intérêts que soutenait alors M. Lézat de Pons, qu'il se fût abstenu de la faire à ce moment. La Justice, et il faut l'en louer, n'écoute pas avec faveur des allégations de ce caractère, quand la preuve ne les suit pas.

Quoi qu'il en soit, la *fin de non-recevoir* que M. Lézat de Pons avait cru pouvoir tirer de l'approbation souveraine des comptes présentés à l'Assemblée générale du 22 juin 1848, contre la demande reconventionnelle en reddition de comptes du 18 juillet 1849, ne fut pas accueillie par le Tribunal.

L'Administration n'avait pas inutilement compté sur son habileté. Comme le disait bien son écrit imprimé cité plus haut : « *Que le compte eût été arrêté, il était* **difficile** *de le soutenir, en invoquant les termes du Rapport du 20 juin.* »

Il fut en effet beaucoup plus *difficile* que M. Lézat de Pons ne l'avait pensé, il fut tout à fait impossible de faire comprendre au Tribunal, — à défaut de la démonstration des falsifications de ce Rapport, qu'on n'avait eu ni le temps, ni tous les moyens de lui soumettre, — il fut impossible de lui faire comprendre comment l'approbation donnée par l'Assemblée générale aux chiffres de la Commission, tels qu'il les trouvait dans le Rapport imprimé du 20 juin, aurait impliqué l'approbation des chiffres *différents* qu'il lisait dans le Rapport de M. Lézat de Pons, du 25 avril.

En présence de ces différences essentielles, dont la cause lui était indiquée, mais ne lui était pas prouvée, le Tribunal décida que « les comptes fournis à l'assemblée générale du 22 juin 1848 « *n'étaient pas une fin de non-recevoir* contre la demande en compte formée contre Lézat de Pons. » Il reconnut à l'Administration le droit de critiquer les chiffres du compte que M. Lézat de Pons, lui avait officieusement présenté depuis près de deux ans. Il ordonna, par son jugement d'avant faire-droit, du 12 décembre 1849 « que l'Administration poserait des conclusions » sur les articles contestés par elle du compte qui lui avait été remis. »

Par le fait de cette décision du Tribunal, et par conséquent de la fraude qui l'avait rendue inévitable, M. Lézat de Pons se voyait donc obligé de se mettre en mesure de repousser toutes les contestations qu'il plairait à l'Administration de soulever sur un compte qu'il n'avait jamais dû, bien qu'il lui eût convenu de l'établir, mais qu'il devait bien moins encore après le vote souverain qui l'avait irévocablement approuvé : — compte immense d'ailleurs, comme on peut en juger par l'imprimé joint *aux pièces* ; — se composant de plusieurs milliers de chiffres ; — se justifiant par plus de *treize cents* pièces comptables, toutes au pouvoir des adversaires de M. Lézat de Pons, et dont pas une n'était plus à sa disposition ; — ne pouvant donc plus être rétabli par lui qu'au moyen de ses souvenirs et de ses notes, — qu'avec l'aide des propriétaires, des officiers ministériels et des diverses personnes qui avaient concouru à ses travaux, — qu'au prix par conséquent de mille fatigues, d'un nombre infini de recherches, d'une interminable correspondance; en un mot, d'une grande dépense de forces, de temps et d'argent.

C'était donc un énorme travail, un travail long, pénible, dispendieux, que le jugement d'*avant faire droit* du 12 décembre 1849 imposait à M. Lézat de Pons. Et cette obligation si imprévue, si onéreuse, si compromettante pour ses relations avec le Conseil de son ordre, ce n'était évidemment qu'à la *falsification* des chiffres du Rapport du 20 juin que M. Lézat de Pons pouvait en être redevable.

Car, encore une fois, il ne saurait entrer dans l'esprit de personne que si le Tribunal avait trouvé une *identité parfaite* entre les chiffres du Rapport de M. Lézat de Pons du 25 avril, et les chiffres du Rapport de la Commission du 20 juin, c'est-à-dire, les chiffres mêmes de la *minute des délibérations de l'assemblée générale des actionnaires du 22 juin 1848*, le Tribunal n'eût pas reconnu, dans cette approbation évidente et souveraine des chiffres du Rapport du 25 avril par l'assemblée générale du 22 juin 1848, une *fin de non-recevoir* invincible contre la *Demande en compte* du 18 juillet 1849 qui venait remettre en question ces mêmes chiffres. La destruction de cette *identité parfaite* des chiffres des deux Rapports avait pu seule induire le Tribunal à repousser la *fin de non-recevoir* de M. Lézat de Pons, en faisant disparaître la preuve manifeste de l'approbation que l'assemblée générale avait donnée à ses chiffres, en ne permettant pas de croire que les comptes fournis et approuvés, le 22 juin, fussent en aucune façon les comptes présentés le 25 avril.

M. Lézat de Pons pouvait, il est vrai, frapper d'appel ce jugement du 12 décembre 1849.

Mais, — outre qu'il devait trop lui en coûter de se donner ainsi tous les dehors d'un homme qui, dans une matière aussi délicate que celle d'un *compte à rendre*, ne peut répondre que par des *fins de non-recevoir*, d'ailleurs contestables *en apparence*, — il se trouvait placé, à ce moment, dans cette situation, qu'il faut savoir apprécier :

Le jugement du 12 décembre se justifiait par un fait matériel, le fait des *différences essentielles* existant entre les chiffres du Rapport du 20 juin approuvés par l'assemblée générale, et les chiffres du Rapport du 25 avril contestés par l'Administration.

Tant que les conséquences de ce fait matériel ne seraient pas détruites par la *démonstration* de la falsification du Rapport du 20 juin, le jugement du 12 décembre devait paraître inattaquable.

Or, il a été établi plus haut qu'en l'absence du *désaveu formel* des nouveaux chiffres du Rapport du 20 juin, inutilement demandé aux signataires de ce Rapport, la *démonstration* de cette falsification ne pouvait être faite par M. Lézat de Pons, qu'au moyen de ces grands travaux et de ces patientes recherches qui ont dû l'occuper pendant des années entières.

Parmi ces travaux devait figurer, en première ligne, ce *compte détaillé* des deux services du Contentieux et des Acquisitions de terrains, qu'on trouve joint *aux pièces*, et dont on peut mesurer les difficultés et l'étendue.

Car il fallait prouver qu'à l'époque du 20 juin 1848, tous les chiffres relatifs à ce compte *ne pouvaient pas* être tels que les avait donnés le Rapport imprimé du 20 juin ;

Car il fallait prouver, entre autres choses, que la répartition que faisait ce rapport d'un total de.	**1,551,595 99**
qui aurait été payé dès lors pour les trois chapitres des deux services, n'était qu'une répartition mensongère ;	
Il fallait prouver qu'il n'était pas vrai, comme le soutenait le Rapport du 20 juin, qu'il eût été payé dès lors, pour *Indemnités de terrains*, une somme de.	**1,432,096 08**
ne laissant, pour la totalité des paiements faits sur les deux autres chapitres, qu'un reste de.	**119,499 91**
Qu'il n'était pas vrai que, déduction faite des.	50,825 40
payés, pour *Frais de notaires et autres*, il n'eût resté, pour chiffre des paiements faits en *Frais spéciaux des deux services*, que.	**68,674 51**
c'est-à-dire.	**16,286 82**
de moins que le chiffre de.	84,961 33
déclaré dans le Rapport du 25 avril.	

C'est-à-dire que, pour faire prévaloir, devant la Cour, la *fin de non-recevoir* qui l'aurait affranchi de l'obligation de rétablir le compte de ses deux services, M. Lézat de Pons devait commencer par rétablir ce compte lui-même.

Ce qu'il eut de mieux à faire, ce fut donc de respecter la décision du 12 décembre, et de tenir pour certain qu'en l'état ou la falsification du Rapport du 20 juin les avait mis, « les comptes » fournis à l'assemblée générale du 22 juin *n'étaient pas une fin de non-recevoir* contre la de- » mande en compte formée contre lui.»

Sans renoncer aucunement à son droit de poursuivre la réparation du préjudice que lui faisait éprouver la perte de cette *fin de non-recevoir péremptoire,* lorsqu'il serait en mesure d'établir le fait criminel qui la lui avait enlevée, il se mit donc aussitôt en devoir d'obéir aux prescriptions du Tribunal; — il commença le rétablissement laborieux de ces comptes, dont il connaissait assez la régularité parfaite, pour ne pas désespérer de venir à bout de cette tâche inattendue, par de courageux efforts, et par beaucoup de sacrifices; — il se tint prêt enfin à répondre aux conclusions que poserait l'Administration « sur les articles contestés par elle du compte qui lui » avait été remis. »

Ces conclusions se produisirent en effet le 26 décembre 1849.

Elles sont jointes *aux pièces.* Il est important de les lire; car elles ne montrent pas seulement que l'Administration fit bien réellement usage, dans l'intérêt de la demande reconventionnelle, de la plupart des résultats de la falsification du Rapport du 20 juin, tout en prenant bien garde de faire la moindre allusion à ce Rapport ni d'en supposer même l'existence;—elles sont, de plus, la contre-partie formelle du système soutenu par l'Administration, dans le procès actuel.

Il ne faut pas s'attendre à trouver dans ces conclusions une reproduction fidèle des assertions, ni même de tous les chiffres qu'on prétend extraire du Rapport de M. Lézat de Pons. Elles ne renferment que très-peu de citations qui ne soient pas des inexactitudes. C'est le grand art de l'erreur de déplacer les questions, de dénaturer les faits, de transposer ou de modifier les éléments des chiffres, pour donner, s'il se peut, le change, et pour rendre, en tout cas, les discussions obscures et les difficultés insolubles.

On a vu que M. Lézat de Pons avait porté, non pas *sa* recette, mais la *recette faite dans ses deux services,* tant au moyen des *déboursés* de la Compagnie, que par les divers *recouvrements* effectués pour elle, à un total de. 1,567,222 83

Les conclusions du 26 décembre, — voulant sans doute éviter toute explication sur les *Commissions de banque* de M. l'administrateur Osmont, que M. Lézat de Pons avait refusé de laisser passer sous le titre de *sommes payées aux agents de la Compagnie,* — avaient assez habilement imaginé de retrancher, de ce total de la recette, une somme de. **62,065 25**

à peu près égale à celle de 61,852 fr. 38 c., que le Rapport du 25 avril déclarait avoir été déboursée *pour Frais spéciaux des deux services.*

Elles disaient, en conséquence, contrairement aux propres termes du Rapport du 25 avril, que le Tribunal avait sous les yeux :

A reporter 1,505,157 58

Report. 1,505,157 58

« Dans *son compte* adressé le 25 avril, M. Lézat de Pons porte *sa* recette à » la somme de. 1,505,157 58

Cette énorme diminution du chiffre de la recette, — qu'on ne manquait pas d'ailleurs de compenser largement, plus loin, en gardant le silence sur une partie de la dépense faite pour *Frais spéciaux des deux services*, et en contestant l'autre partie, — donnait bien d'abord, aux conclusions du 26 décembre, le droit d'ajouter (sauf l'erreur manifeste de calcul) :

« La Compagnie réclame. . . . . 1,509,185 »

» Différence. 4,027 42

Elles disaient ensuite :

« M. Lézat de Pons porte en dépense :

» 1° Pour acquisitions de terrains. 1,413,708 14

» 2° Pour frais de notaires, avoués, etc. 50,825 40

» Au total. . . 1,464,533 54

» Il ne justifie cette dépense par pièces que pour. 1,435,438 68

» La Compagnie *rejette*, comme *non justifiée*, la différence, qui est de. . 29,094 86

» Elle rejette également, comme *non justifié*, un article intitulé : *Service » du Contentieux jusqu'au 30 avril 1848*, sans justification ni pièces. . . . 23,108 95

» Un autre article, ainsi intitulé : *Dépôt chez divers notaires ou comptables*, » article également *non justifié*. 17,727 96

Total des rejets. 69,931 77

» Il est impossible de se soustraire à la *nécessité* de ces rejets, puisque le premier repose sur » un compte dont les bases sont *incontestables* et *avouées par les deux parties*, et puisque les deux » autres ne sont ni justifiés par pièces, ni mêmes formulés avec détails. »

Ainsi donc, d'après les conclusions posées par l'Administration pour le soutien de sa demande *en reddition de comptes*, ni le *dépôt* de. 17,727 96

ni l'*emploi* fait, *en Frais spéciaux des deux services*, d'une somme de. 23,108 95

provenant du prix des diverses reventes, n'avaient existé à l'époque où M. Lézat de Pons avait cessé la direction et aurait dû rendre le compte de ses deux services.

Or, on a déjà vu par quelles combinaisons l'auteur des falsifications du Rapport du 20 juin avait su mettre l'Administration en mesure de contester impunément l'existence de ces deux mêmes sommes.

Mais une autre prétention des conclusions du 26 décembre, qu'il faut soigneusement signaler dans la cause actuelle, c'est qu'à l'époque où M. Lézat de Pons avait cessé de diriger les deux services, il n'aurait été véritablement payé, pour les deux Chapitres des *Indemnités de terrains* et des *Frais de notaire et autres*, qu'une somme totale de.. . . . . 1,435,438 68

Et comme le paiement fait, pour le dernier de ces deux Chapitres, d'une somme de. 50,825 40

n'a jamais été contesté par personne, et se trouve exactement consigné même dans le Rapport imprimé du 20 juin, les contestations de l'Administration ne pouvaient porter ici que sur le chiffre des paiements faits pour *Indemnités de terrains*.

En sorte qu'il aurait été constant, pour l'Administration, qu'à l'époque de la cessation des fonctions de M. Lézat de Pons, il n'aurait encore été réellement payé, pour *Indemnités de terrains*, que. 1,384,613 28

Or, l'Administration a pris des délibérations, a fait courir des circulaires pour établir que la cessation des fonctions de M. Lézat de Pons avait eu lieu le *1er juillet 1848*.

Comment donc l'Administration pourrait-elle être reçue aujourd'hui à soutenir qu'il avait été déjà payé, pour le même Chapitre, dès le *20 juin* de la même année. 47,482 80

de plus que le chiffre dont elle garantissait si résolûment l'exactitude, dans ses conclusions du 26 décembre 1849, en le donnant comme le *résultat incontestable d'un compte avoué par les deux parties?* Comment les mêmes Magistrats qui ont reçu d'elle ces graves affirmations, quand il s'agissait de faire peser une responsabilité déshonorante sur un honnête homme qui l'avait loyalement servie, pourraient ils souffrir qu'elle essayât seulement, devant eux, de prouver la sincérité du chiffre évidemment altéré, de. 1,432,096 08

La discussion établira tout à l'heure, par d'autres arguments, auxquels l'Administration ne saurait faire aucune réponse plausible, qu'il est de toute impossibilité que ce chiffre ait figuré dans le Rapport de la Commission, à l'époque de l'assemblée générale du 22 juin 1848. Mais il n'était pas inutile de faire remarquer, dès à présent, que les conclusions mêmes de l'Administration, du 26 décembre 1849, ont constaté d'avance et très-surabondamment cette impossibilité; — puisqu'elles sont allées jusqu'à réduire le chiffre véridique de 1,413,708 14

(lequel était déjà inférieur de. 18,387 94

au chiffre altéré du Rapport du 20 juin), de cette autre différence de 29,094 86

qui figure en première ligne parmi les *rejets* de l'Administration; — puisqu'elles ont soutenu avec la plus grande énergie que le montant des paiements faits, pour *Indemnités de terrains*, pendant la durée des fonctions de M. Lézat de Pons, ne se serait élevé qu'à. 1,384,613 28

— puisqu'elles ont ainsi prétendu, avec toute la solennité possible, que le chiffre du Rapport imprimé du 20 juin aurait contenu une *exagération* de 47,482 80 47,482 80

On comprend bien qu'en présence de ces conclusions de l'Administration, — qui, tout en mettant à profit, contre M. Lézat de Pons, les résultats de la falsification du Rapport du 20 juin, affectaient de ne mentionner en rien ce Rapport, et s'écartaient même, avec une certaine adresse, de plusieurs chiffres produits par cette falsification, — on comprend que le Tribunal dut se confirmer dans sa première pensée que *les comptes fournis à l'assemblée générale du 22 juin 1848* ne pouvaient pas être les comptes redemandés à M. Lézat de Pons.

Mais on comprend aussi quelle confusion durent apporter, dans l'esprit du Tribunal, ces trois comptes parallèles, qui semblaient devoir se rapporter à une même situation, et qui, par le fait, se contredisaient tous : — le compte présenté dans le Rapport du 25 avril ; — le compte publié par le Rapport imprimé du 20 juin ; — le compte opposé par les conclusions du 26 décembre.

Heureusement pour M. Lézat de Pons, les tergiversations et le langage inusité de l'Administration, bien plutôt que le rétablissement des comptes de ses deux services, *qu'il n'avait pu réaliser encore que partiellement*, vinrent édifier le tribunal sur la question de savoir de quel côté était la bonne foi et de quel côté l'injustice.

L'Administration demandait, en effet, que M. Lézat de Pons justifiât l'emploi :

Tantôt de . . . **1,400,000 00**

Tantôt de . . . **73,959 19**

Tantôt de . . . **69,931 77**

Tantôt de . . . **66,985 07**

Tantôt de . . . **23,108 95**

Tantôt de . . . **16,347 70**

Elle déclarait, plus tard, dans un écrit imprimé, « qu'elle *laissait au tribunal* le soin d'exiger » de M. Lézat de Pons, des justifications convenables sur les sommes payées aux vendeurs de » terrains et aux notaires. »

Elle en était même venue jusqu'à faire entendre, à l'audience du 15 février 1850, ces remarquables paroles que les deux journaux judiciaires, *le Droit* et la *Gazette des Tribunaux* avaient identiquement reproduites le lendemain : « *Quatorze cent mille francs* ont passé par vos mains ; » établissez-nous leur emploi. En tous cas, vous reconnaissez vous-même que vous ne pouvez » justifier la dépense de *vingt-trois mille francs* ; soit. *Nous vous les abandonnons* pour vos hono- » raires. »

Le Tribunal ne pouvait pas hésiter à repousser une demande qui ne devait plus lui paraître sérieuse, et qui finissait par s'abandonner ainsi elle-même. Il statua donc, sur ce point, par son jugement du 22 mars 1850, dans les termes suivants :

« Attendu que, dans son écrit imprimé, signé de Me Glandaz, son avoué, l'Administration » des chemins de fer de Dieppe et de Fécamp déclare qu'elle laisse au Tribunal le soin d'exiger » de Lézat de Pons des justifications convenables sur les sommes payées aux vendeurs de ter- » rains et aux notaires;

» Que le Tribunal n'a rien à exiger de l'une des parties, lorsque l'autre partie ne le requiert » pas;

» Qu'au surplus, le même écrit, après avoir énoncé qu'il reste dû par Lézat de Pons **16,347** fr. » **70** c., porte, en terminant, que si le sieur Lézat de Pons paie ce qu'il doit si légitimement, » toute discussion cessera; qu'il est donc constant que la Compagnie restreint aujourd'hui ses » réclamations à la somme de **16,347** fr. **70** c.;

» Attendu que Lézat de Pons déclare, de son côté, non-seulement qu'il ne doit pas restituer » ces **16,347** fr. **70** c., mais qu'il lui est redû 11,750 fr., pour rétribution stipulée, et qu'en » outre il lui est dû 114,000 fr. pour ses honoraires spéciaux et ceux de trois employés du » Contentieux;

» Attendu que *les comptes fournis à l'Assemblée générale des actionnaires du 22 juin 1848 ne » sont pas une fin de non-recevoir contre la demande en compte aujourd'hui formée par la Compa- » gnie contre Lézat de Pons;*

» Mais qu'il résulte des documents de la cause, et notamment des rapports des 30 avril 1847 » et 29 avril 1848, qu'*une grande latitude* a dû être laissée à Lézat de Pons, *par suite de la con- » fiance que ses travaux inspiraient*, pour faire certaines dépenses dans l'intérêt de la Compagnie;

» Que *cette vérité* ressort en outre des remboursements faits à Lézat de Pons et signalés par » la Compagnie elle-même, sans qu'aucune justification de pièces ait été exigée de lui, et que » le Tribunal a le devoir d'apprécier les effets de cette latitude;

» Attendu que Lézat de Pons n'avait pas la qualité de *Comptable* par ses fonctions de Chef du » Contentieux; qu'il a seulement contracté, en fait, l'obligation de rendre compte des deniers » qui, par diverses circonstances, ont passé entre ses mains, obligation qui incombe à toute » personne qui touche de l'argent pour autrui;

» Attendu que la justification d'un compte se forme, ou par des pièces, ou par des déclara- » tions, suivant les cas; que, dans l'espèce, la nature des dépenses et la foi que Lézat de Pons pour » faire ces dépenses a dû avoir dans *la confiance que la Compagnie lui témoignait*, doivent faire » décider que *ses déclarations seront admises comme justifications suffisantes*... — Que, dans ces » circonstances, le Tribunal doit rejeter la demande de l'Administration...

» Déclare l'Administration du chemin de fer de Dieppe mal fondée dans sa demande. »

L'Administration succombait donc, du moins dans l'issue *apparente* de sa *Demande en reddition de comptes*. Mais, — sans parler ici de beaucoup d'autres pernicieux effets qu'une pareille demande avait produits dès lors contre M. Lézat de Pons, comme on devra le démontrer plus loin, — qui pourra dire si le but principal que l'Administration s'était proposé, en la formant, ne se trouvait pas entièrement atteint? Qui pourra dire si les incertitudes jetées dans l'esprit des magistrats, par toutes ces questions de comptes, que n'avait pu suivre, de part, ni d'autre, une solution décisive et complète ; — si la considération de l'importante concession qu'ils faisaient à M. Lézat de Pons en décidant que ses déclarations devaient avoir plus de poids que toutes les déclarations contraires de toute une Administration puissante ; — si d'ailleurs la diversion faite à leur attention, par toutes ces adroites complications de la demande reconventionnelle, au moment où ils auraient dû n'avoir à s'occuper que d'examiner les titres de la demande principale de M. Lézat de Pons ; — si la diversion faite aussi aux préoccupations de M. Lézat de Pons lui-même, — si la division habilement apportée dans les efforts de sa défense, — si la nécessité où on avait su le mettre d'employer tout son temps et toutes ses facultés à rechercher et à rétablir des milliers de chiffres, pour combattre une demande injuste, lorsqu'il aurait dû pouvoir ne les employer qu'à réunir et à faire prévaloir les preuves honorables de l'entière justice de sa propre demande : — qui pourra dire si toutes ces causes n'eurent pas une influence bien fatale aux intérêts de M. Lézat de Pons sur la solution que le même jugement du 22 mars 1850 vint donner à sa demande principale en paiement d'honoraires ?

Quoi qu'il en puisse être sur ce point, — après avoir, dans des considérants remarquables par une judicieuse appréciation des faits et par un grand esprit de justice, reconnu la parfaite légitimité de la demande de M. Lézat de Pons sur tous ses chefs, — après s'être appliqué même à constater le succès des nombreux travaux accomplis, pour le plus grand bien de la Compagnie, par M. Lézat de Pons, — le Tribunal réduisait la rémunération qui lui était due pour ces travaux, et les paiements qui devaient lui être faits pour toutes les autres causes, à une somme totale de 40,000 fr.

Ce jugement du 22 mars 1850 fut levé, par les soins de M. Lézat de Pons, et signifié, à sa requête, le 30 avril 1850, sous toutes réserves d'en interjeter appel.

L'Administration, prit les devants par un acte d'appel en date du 17 juillet de la même année.

Dans la même quinzaine, le 30 juillet 1850, M. Lézat de Pons se pourvut, à son tour, par voie d'appel incident.

Par son acte d'appel du 17 juillet 1850, l'Administration demandait expressément « l'ajudi-» cation de *toutes les conclusions* par elle prises devant les premiers juges. »

Toutes les prétentions du 26 décembre se trouvaient ainsi renaître contre M. Lézat de Pons. Pour se mettre, à tout événement, en mesure de les combattre, il lui fallut donc reprendre les grands travaux qu'il avait commencés, dans le but de rétablir complétement les comptes des deux services du Contentieux et des Acquisitions de terrains.

De la seule inspection de ces comptes, et surtout de la volumineuse correspondance de M. Lézat de Pons, soit avec les officiers ministériels et les propriétaires et autres intéressés de la ligne de Dieppe, soit avec les copistes et les imprimeurs qu'il dut employer dans l'accomplissement de cette tâche, il résulte que ces travaux l'occupèrent, presque exclusivement, jusqu'au mois de juillet 1851, époque à laquelle s'ouvrirent les débats de l'affaire devant la deuxième chambre de la Cour.

Ces débats roulèrent principalement, on pourrait presque dire uniquement, sur la *Demande reconventionnelle en reddition de comptes*. Ils furent d'autant plus douloureux pour M. Lézat de

Pons, que l'Administration avait eu le bonheur de surprendre le zèle et de s'assurer la défense d'une des renommées du barreau les plus hautes et les plus honorables.

Le Conseil soussigné a lu avec soin ces débats, intégralement reproduits par la sténographie de M. Hippolyte Prévost. Il a compris, à l'extrême habileté, à la chaleur soutenue, à l'éloquence incisive et sérieuse de l'attaque faite au nom des adversaires, combien les impressions de l'audience avaient dû être funestes à M. Lézat de Pons, et quelles cruelles blessures l'avaient publiquement atteint dans sa délicatesse. Il ne se défend pas d'un sentiment pénible, à la pensée de ces brillants efforts que le talent le plus respecté peut faire, à son insu, contre la bonne foi, au profit de la fraude.

Car (c'est pour lui un devoir de le dire dans ce travail, où sa conviction doit se montrer avec toutes ses causes) il a sous les yeux la *preuve manifeste* de ces faits très-graves, que l'honorable défenseur de l'Administration était assurément bien loin de soupçonner, quand il lui prêtait, avec tant d'éclat, l'appui de sa parole :

C'est que, pendant qu'elle poursuivait ainsi M. Lézat de Pons, de tribunal en tribunal, pour lui faire rendre *des comptes qu'il ne lui devait pas*, — pendant qu'elle lui contestait la légitimité et l'existence même des dépenses qui avaient dû être faites dans ses deux services, — pendant qu'elle lui refusait le remboursement de celles qui ne lui avaient pas été soldées encore, — l'Administration avait très-positivement porté en compte aux actionnaires, non seulement le montant *tout entier* de ces dépenses, mais une somme *plus forte* encore ;

C'est que l'Administration avait appliqué, à des emplois *ignorés des actionnaires*, des sommes que ceux-ci n'avaient votées que *pour être remboursées à M. Lézat de Pons ;*

C'est qu'à l'époque où la créance de M. Lézat de Pons fut réglée par la Justice, l'Administration avait déjà fait débourser, par les actionnaires, une bonne partie de cette créance, en sus de la dépense totale qu'elle avait pu faire en réalité pour les deux services du Contentieux et des Acquisitions de terrains ;

C'est enfin que l'Administration n'en fit pas moins payer *une seconde fois*, par les actionnaires, cette partie de la créance de M. Lézat de Pons, en l'exagérant même de plus de trois mille fr.

La démonstration de ces faits résulte invinciblement du compte qui a été établi au moyen des comptes et des rapports de l'Administration elle-même. Ce compte est joint aux *pièces justificatives*, pour l'entière édification de la Cour.

C'est donc, encore une fois, pour le Conseil soussigné, la cause d'un véritable regret, que de voir jusqu'à quel point la religion du défenseur de l'Administration avait pu être surprise, et quelle autorité sa parole avait pu donner à des prétentions qui ne méritaient pas son appui.

Des extraits de sa remarquable plaidoirie et d'une *Note* que l'Administration crut devoir distribuer plus tard pour la compléter, devront être joints *aux pièces*, afin qu'on puisse juger de tout ce que M. Lézat de Pons a dû souffrir, pas suite de cette fatale *Demande en reddition de comptes*, soit dans ses intérêts, soit même dans son honneur.

Ces extraits feront voir, d'ailleurs, que devant la Cour, comme en première instance, l'Administration soutint formellement que le Rapport de la Commission du 20 juin ne contenait *aucune approbation* des comptes redemandés à M. Lézat de Pons, et que celui-ci ne pouvait en tirer aucune *fin de non-recevoir* en sa faveur.

La *Note* ne craignit même pas de recourir à la plus flagrante inexactitude, pour donner sur ce point le change à la Justice. Elle prétendit que le chiffre de **100,000** fr., dans lequel M. Lézat de Pons voulait voir, disait-elle, « un *arrondissement* de son chiffre de 96,711 fr. 33 c., » avait été annoncé d'abord par le Conseil d'administration lui-même, dès le 29 avril 1848, dans son rapport à l'assemblée générale de ce jour, « comme pouvant être la dépense des agents du » Contentieux, » et que ce n'était qu'à titre de « *rappel* », sans la moindre intention de l'approuver, que la Commission des actionnaires avait reproduit plus tard ce même chiffre de **100,000** fr., dans son Rapport du 20 juin. Or, ce n'était que dans ce dernier Rapport que figurait le chiffre de **100,000** fr., et pas un mot, ni de ce chiffre, ni de la dépense possible des agents du Contentieux, ne se trouvait dans le Rapport du 29 avril 1848.

Justement inquiété par la tournure inattendue que le talent du défenseur de l'Administration avait fait prendre aux débats, M. Lézat de Pons avait voulu recourir à un moyen de démonstration que, dans leur irrégularité même, les livres de la Compagnie devaient lui fournir. Il avait posé des conclusions à fin d'*apport de ces livres,* dans lesquels il espérait pouvoir montrer à la Cour l'impossibilité pour l'Administration de contester les chiffres de son Rapport du 25 avril.

L'Administration mit bien ses livres à la disposition de la Chambre du Conseil; mais elle s'opposa formellement à ce que M. Lézat de Pons fût autorisé seulement à les ouvrir.

Après quoi elle s'écriait, dans la *Note* distribuée : « Aussi M. Lézat a-t-il compris que ce ne » serait qu'autant que les livres de la Compagnie auraient passé écriture des dépenses faisant » l'objet de la contestation, qu'il pourrait être supposé que ces dépenses se trouvaient consa- » crées, et il a demandé la production de ces livres. — Cette production est faite, et *le silence* » *des livres* est la condamnation de M. Lézat. »

Si la Justice pouvait participer de la prescience de Dieu, comme elle participe de son autorité, la Cour aurait su, en lisant ce passage de la *Note,* que, moins de deux ans après, la même Administration, plaidant encore contre le même adversaire, mais ne pouvant cette fois échapper à une accusation de *Faux,* sans soutenir que ses livres avaient toujours *parlé* comme parlait M. Lézat de Pons, — n'hésiterait pas à produire une autre *Note,* où elle s'exprimerait ainsi, à propos de ces mêmes chiffres sur lesquels ses livres se *taisaient* en 1851 :

« Nous allons prouver que ces chiffres sont *exactement* ceux :

» Qui se trouvent *sur les livres de la Compagnie ;*

» Qui se trouvent *sur les comptes fournis par M. Lézat de Pons* lui-même! »

La Cour n'eut pas besoin, toutefois, de cette réfutation catégorique que l'Administration devait fournir un jour de ses propres allégations, pour comprendre, elle aussi, l'injustice de la demande reconventionnelle. Par son arrêt du 31 juillet 1851, elle adopta, sur ce point, tous les motifs des premiers juges, et rejeta complétement la *Demande en reddition de comptes* que M. Lézat de Pons avait eu si malheureusement et si longtemps à combattre.

Sur la demande principale, la Cour apporta plusieurs modifications au jugement du 22 mars 1850.

On a vu que le Tribunal avait admis la réclamation faite par M. Lézat de Pons des rémunérations qu'il avait promises, et qui devaient être payées à ses collaborateurs.

Le Tribunal avait donc compris dans la somme de		40,000 »
montant des condamnations prononcées contre la Compagnie, les.		14,000 »
que M. Lézat de Pons avait réclamés à ce titre. En sorte que la somme qui devait revenir à M. Lézat de Pons, pour les diverses causes de sa créance personnelle, semblait ne devoir être, d'après le Tribunal, que de.		26,000 »
La Cour décida que M. Lézat de Pons n'avait pas à réclamer pour des tiers les rémunérations qui pouvaient leur être dues par la Compagnie, et que par conséquent la condamnation prononcée, de ce chef, contre la Compagnie, devait être mise au néant.		
Quant aux chefs de la demande principale qui était personnels à M. Lézat de Pons, la Cour adopta complétement les motifs des premiers juges, porta le montant de la créance de M. Lézat de Pons à. . . .	29,734 »	
et lui accorda les intérêts que les premiers juges ne lui avaient pas accordés.		
Ces intérêts s'étant élevés, d'après les calculs faits par l'Administration, le 30 août 1851, à.	4,657 50	
il se trouva que la somme due à M. Lézat de Pons, en vertu de l'arrêt de la Cour, s'élevait ce jour là, d'après les mêmes calculs, à.	34,391 50	34,391 50
c'est-à-dire à.		8,391 50

de plus que l'allocation qui semblait résulter du jugement du 22 mars 1850, au profit personnel de M. Lézat de Pons.

Aucun pourvoi ne fut formé, de part ni d'autre, contre l'arrêt du 31 juillet 1851.

Ce n'est pas à dire, toutefois, que M. Lézat de Pons ait pu obtenir l'exécution de ces prescriptions de la Cour, sans avoir à lutter contre de nouvelles prétentions, sans avoir à s'engager dans un nouveau procès. On ne se ferait pas une idée exacte du système de vexations que l'Administration n'a pas cessé d'employer contre son ancien Avocat, si on ne jetait pas, en passant, les yeux sur une nouvelle chicane qu'il eut à combattre, et qui n'en est même pas arrivée encore à sa dernière solution.

Par un fait que M. Lézat de Pons n'a pas voulu chercher à s'expliquer complétement, la grosse du jugement du 22 mars 1850 et plusieurs autres pièces importantes se trouvèrent avoir disparu du dossier par lui remis à son avoué d'appel. Qu'étaient devenues ces pièces? M. Lézat de Pons ne pouvait en rien savoir alors, et aujourd'hui même il n'en sait rien encore.

Ce qu'il y a de certain, c'est que lorsqu'il eut dû se décider à faire commandement à l'Administration d'avoir à exécuter l'arrêt du 31 juillet 1851, l'Administration lui répondit par un exploit d'*offres réelles*, où il était sommé de lui représenter, et de lui remettre même, non-seulement la grosse de cet arrêt, mais encore celle du jugement du 22 mars 1850, sous peine de voir *déposer* le montant desdites offres réelles, à la Caisse des consignations.

M. Lézat de Pons ne devait, ni ne pouvait se conformer à de pareilles conditions. La consignation fut faite.

Il lui fallut donc se pourvoir en nullité d'offres réelles et de consignation, ce qu'il fit immédiatement devant la chambre des vacations du tribunal civil de la Seine.

Il exposa au Tribunal que ses adversaires savaient à merveille que la grosse du jugement n'était plus en son pouvoir; qu'ils n'avaient d'ailleurs aucune qualité pour en exiger de lui la représentation, non plus que la remise de la grosse de l'arrêt; qu'il offrait de donner à l'Administration, dans la forme qu'elle voudrait choisir, bonne et valable quittance de la somme par elle offerte, et de faire mention expresse du paiement sur la grosse de l'arrêt, et sur celle du jugement, si elle était retrouvée; mais que ces deux grosses étaient incontestablement sa propriété, qu'elles constituaient, dans ses mains, à d'autres points de vue que le recouvrement de sa créance, des titres essentiels, auxquels l'Administration pouvait d'autant moins prétendre, qu'elle avait été condamnée expressément à en faire les frais envers lui.

Le Tribunal fit bonne justice des résistances de l'Administration, en prononçant, par son jugement du 17 septembre 1851, la *nullité* des offres réelles et de la consignation faites par elle, en ordonnant que la somme consignée serait immédiatement versée aux mains de M. Lézat de Pons, ou de ses ayants droit, et en décidant que ledit jugement serait exécuté nonobstant appel, *sur minute* et avant enregistrement même.

Cette exécution avait eu lieu, en effet, depuis plusieurs mois, lorsque le 29 novembre 1851, l'Administration ne craignit pas d'interjeter appel d'une décision si juste. L'instance sur ce point est donc pendante encore; et bientôt les moments si précieux de la Cour seront ainsi usurpés par des prétentions puériles.

L'appel que M. Lézat de Pons vient soumettre aujourd'hui à la sagesse de la Cour, dans le procès qui fait l'objet de ce travail, mérite bien autrement son attention et toute sa sollicitude.

Il s'agit en effet de savoir s'il peut être, ou s'il ne peut pas être *prouvé* « que les représentants » d'une grande Compagnie industrielle n'ont pas craint de recourir aux actes les plus regret- » tables, à des manœuvres réprouvées par la probité, à des falsifications de pièces même, pour » atteindre dans sa fortune, dans son état, dans sa considération, un membre du barreau de » Paris, coupable seulement d'avoir rendu de trop grands services à leur entreprise, malgré » ceux d'entre eux qui avaient tout intérêt à la perdre. » Il s'agit de savoir si un préjudice réel a été occasionné par des actes coupables, et si la réparation de ce préjudice peut être encore réclamée par celui qui l'a souffert; — ou si, pour s'être plaint de ces actes et pour avoir demandé cette réparation à la Justice, il doit être condamné comme un *diffamateur*.

On vient de voir quelle avait été l'issue définitive de la demande principale de M. Lézat de Pons, du 13 juillet 1848, et de la demande reconventionnelle de l'Administration, du 18 juillet 1849.

Comme on a pu le remarquer, malgré toute la gravité des préjudices que lui faisait éprouver une *Demande en reddition de comptes* indûment opposée à ses justes réclamations, M. Lézat de Pons avait cru devoir réserver toute demande *en dommages intérêts* pour l'époque où il aurait à s'expliquer sur le fait criminel au moyen duquel on s'était mis en mesure de lui causer tous ces préjudices.

On a vu d'ailleurs pour quels motifs aucun incident judiciaire ne s'était produit, dans le cours de cette instance, concernant le Manuscrit altéré du 20 juin, — ni de la part de l'Administration, qui avait ses raisons pour ne pas appeler l'attention de la Justice sur cette pièce, — ni de la part de M. Lézat de Pons, qui ne croyait pas être suffisamment en mesure alors d'en *démontrer* la falsification, bien qu'il dût y croire très-fermement lui-même.

Ce n'est pas que l'Administration n'eût laissé percer, à diverses intervalles, et dans des circonstances qu'il est important de signaler, une très-grande sollicitude pour rentrer, sans bruit, en possession de cette pièce.

C'est, on s'en souvient, le 8 novembre 1849, que M. Crétu l'avait apportée à M. Bailleux de Marizy, en la confiant *à lui seul*, sur sa promesse de la rendre *dans un bref délai*, et avec la ferme espérance *qu'il ne la remettrait pas à un tiers*. Tout cela est constaté avec le plus grand soin, par les adversaires eux-mêmes, dans un acte extrà-judiciaire dont il va être parlé. Or, dès le 21 novembre 1849, M. Bailleux de Marizy écrivait à M. Lézat de Pons : « On est venu me » réclamer ce matin le Manuscrit du Rapport qui m'avait été confié ; » et le même acte extrà-judiciaire établit qu'on s'était empressé de renouveler cette réclamation dès le 28 du même mois.

M. Bailleux de Marizy avait fait savoir à l'Administration qu'il avait confié le Manuscrit à M. Lézat de Pons, pour en vérifier la conformité avec le Rapport imprimé, et que M. Lézat de Pons refusait de le rendre. Celui-ci avait en effet prié M. Bailleux de Marizy, lorsque le Manuscrit lui avait été redemandé, « de ne pas insister pour le mettre dans l'impossibilité de faire » rendre à chacun selon ses œuvres. » C'était bien le cas pour l'Administration, qui plaidait alors contre M. Lézat de Pons, de réclamer judiciairement, comme elle fait aujourd'hui, la restitution de cette pièce. C'était d'autant plus le cas, que M. Lézat de Pons affirmait dès lors, comme on l'a déjà vu, que la pièce avait été **falsifiée.** L'Administration n'en fit rien cependant.

Ce ne fut que quelque temps après le jugement, et avant toute manifestation de l'intention d'en interjeter appel, que M. l'administrateur délégué, Crétu, pensa devoir faire une nouvelle tentative, en écrivant à M. Bailleux de Marizy, le 23 mai 1850, dans les termes suivants :

« Je suppose que M. Lézat et vous n'avez plus besoin du Rapport de la Commission ; je vous » prie en conséquence de vouloir bien me le faire remettre ; dans le cas contraire, je me » verrais, bien à regret, dans la nécessité de vous adresser une *sommation*. — Agréez, etc. » *Signé* : Th. Crétu. »

La sommation ainsi annoncée dès le 23 mai 1850, n'osa se produire que le 22 août suivant, dans les derniers jours de l'année judiciaire, à ce moment où les menaces de *se pourvoir par toutes les voies de droit* ne sont pas tenues à une réalisation immédiate pour se faire croire sérieuses, et ont devant elles au moins deux mois pour essayer de faire céder sans nouveaux frais ceux qui seraient de nature à subir l'intimidation.

Cet exploit est reproduit en entier *aux Pièces justificatives*. Les termes en sont précieux à recueillir. Ils rendent tout à fait inexplicable l'inaction dans laquelle l'Administration s'est tenue relativement à la réclamation du Manuscrit du 20 juin, pendant toute la durée de l'instance qu'elle avait à soutenir contre M. Lézat de Pons. Cette instance se poursuivit en effet durant plus d'un an encore ; le procès s'instruisit, se plaida, se jugea en Cour d'appel, sans qu'un mot fût dit de ce Manuscrit du 20 juin, si *indispensable* pour la Compagnie, sans que ni M. Lézat de Pons, ni M. Bailleux de Marizy, fussent seulement invités de nouveau à restituer cette pièce, — sans qu'aucune suite fût donnée à cette *sommation* du 22 août 1850, qui en prescrivait la remise dans *trois jours pour tout délai*, sous peine de contrainte *par toutes les voies de droit*.

Mais aussitôt que l'instance eut été vidée par l'arrêt du 31 juillet 1851, aussitôt que, par la consignation qu'il lui convint de faire le 30 août suivant, l'Administration put se croire libérée envers M. Lézat de Pons, et se flatter qu'il n'aurait plus désormais le droit de la poursuivre en réparation du dommage que lui avait fait éprouver la falsification du Manuscrit du 20 juin, — on vit l'Administration se montrer très-empressée à réclamer judiciairement la restitution de ce Manuscrit.

Ce fut en effet le 15 septembre 1851, devant la *Chambre des vacations*, pour cause d'*urgence*, que l'Administration demanda l'autorisation d'assigner *à bref délai* M. Bailleux de Marizy, à fin de restitution de ce Manuscrit, et ce fut le 19 du même mois qu'elle l'assigna réellement, à cet effet.

M. Bailleux de Marizy appela M. Lézat de Pons en garantie, par assignation du 31 décembre 1851.

Le 12 février 1852, M. Lézat de Pons se pourvut, par action principale, contre l'Administration, dans les termes suivants :

« *A Monsieur le Président du tribunal civil de première instance du département de la Seine.*

» M. Jean-Paul-Hippolyte LÉZAT DE PONS, docteur en droit, avocat à la Cour d'appel de » Paris, y demeurant rue de l'Oratoire-du-Roule, n° 22, cité Odiot, n° 4,

» Ayant pour avoué Me **GUIDOU**,

» A l'honneur, monsieur le Président, de vous exposer :

» Que, sous la date du 20 juin 1848, une Commission, déléguée par l'Assemblée générale » des actionnaires de la Compagnie des chemins de fer de Dieppe et de Fécamp, pour vérifier » tous les comptes de l'Administration, depuis l'origine de la Société jusqu'à la fin du dernier » exercice, avait rédigé un Rapport, qui avait été lu, et dont toutes les conclusions avaient été » approuvées et votées, dans l'Assemblée générale des mêmes actionnaires, du 22 dudit » mois :

» Qu'ayant reçu de diverses personnes, et notamment de M. le Rapporteur lui-même, l'assu» rance formelle que ce Rapport avait complétement approuvé et adopté, sans restriction, toutes » les déclarations et tous les chiffres concernant les services auxquels l'Exposant avait donné » ses soins, en sa qualité, *non pas de Comptable*, mais de Directeur du Contentieux et d'Avocat » de ladite Compagnie, tels que celui-ci les avait consignés dans un Rapport général par lui » adressé au Conseil d'administration, le 25 avril 1848, — sauf l'addition de 3,288 fr. 67 c., » que MM. les Commissaires ont dit, depuis, avoir faite au chapitre des frais spéciaux de ces » services, pour faire un chiffre rond, — l'Exposant ne peut être que très-surpris de voir la » Compagnie des chemins de fer de Dieppe et de Fécamp, plus d'un an après la demande judi» ciaire qu'elle l'avait réduit à former contre elle, pour obtenir paiement des sommes impor» tantes qu'elle lui devait, former contre lui une demande reconventionnelle en reddition de

» compte, qui non-seulement s'adressait mal, mais qui remettait en question tout ce que ledit » Rapport du 20 juin 1848, et le vote de l'Assemblée générale du surlendemain avaient souve- » rainement et irrévocablement jugé;

» Qu'il dut insister alors pour obtenir de M. Bailleux de Marizy, qui avait fait fonctions de » Rapporteur dans la Commission, ainsi que devant l'Assemblée générale, une copie par lui » certifiée de son Rapport du 20 juin;

» Que, — sur l'avis à lui donné par ledit sieur Bailleux de Marizy, que le Manuscrit même » de ce Rapport, qui avait été lu en séance publique, venait d'être remis entre les mains » de ce dernier, par **Théodore Crétu**, Secrétaire et **Administrateur délégué** de » ladite Compagnie, — lequel en était demeuré dépositaire, depuis l'Assemblée générale du » 22 juin 1848, jusqu'au 8 novembre 1849, c'est-à-dire pendant près de *dix-huit mois*, — et » sur l'offre à lui faite, par mondit sieur Bailleux de Marizy, de venir s'assurer si ce Manuscrit » était, ou non, conforme à l'imprimé qu'on en avait publié dans cet intervalle, — l'Exposant, » qui n'avait eu d'ailleurs jusque-là aucune connaissance de cet imprimé, s'empressa, le » 11 novembre 1849, d'envoyer chez M. Bailleux de Marizy un de ses amis porteur d'une » lettre dans laquelle, après lui avoir expressément déclaré qu'il n'avait aucune intention de lui » demander la Pièce même que lui avait rapportée **M. Théodore Crétu**, il lui réitérait seu- » lement la prière de lui en faire délivrer, aux frais de l'Exposant, une copie dont il voudrait » bien, lui M. Bailleux de Marizy, accepter la responsabilité et lui garantir l'exactitude; — » mais que, pour des motifs que l'Exposant n'a point à rechercher ici, M. Bailleux de Marizy » aima mieux lui envoyer la Pièce elle-même;

» Que l'Exposant n'eut pas plutôt jeté les yeux sur cette pièce, qu'il s'aperçut que, précisé- » ment sur tous les points qui pouvaient intéresser la demande reconventionnelle de ses adver- » saires, ladite Pièce était entachée de grattages, de surcharges, d'interpolations, qui ne lui » permettaient, ni de la conserver un seul instant dans ses mains, ni de la laisser sortir des » mains de son ami, sans en avoir préalablement fait constater l'état matériel;

» Que, dans ce but, et sous la date du même jour 11 novembre 1849, sur la réquisition de » l'Exposant, et sur celle du tiers à qui M. Bailleux de Marizy venait de remettre très-sponta- » nément la Pièce dont il s'agit, celle-ci a fait l'objet d'un Procès-verbal de description dressé » par Mr Binet, aujourd'hui syndic de la Compagnie des huissiers près le Tribunal civil de la » Seine, aux mains duquel ladite Pièce est, depuis lors, demeurée en dépôt; — ledit Procès- » verbal dûment enregistré et déposé pour minute à Me Gossart, notaire à Paris;

» Qu'ayant pris, depuis, connaissance de l'imprimé fait et publié tardivement, par les soins » de **M. l'Administrateur délégué**, **Théodore CRÉTU**, sous le titre de ***Rapport de la*** » ***Commission nommée à l'Assemblée générale des actionnaires du 29 avril*** » ***1848***, l'Exposant s'est convaincu qu'en ce qui intéressait la demande reconventionnelle en » reddition de compte formée contre lui, *poursuite et diligences* du même **Administrateur** » **délégué**, **M. Théodore CRÉTU**, cette publication ne reproduisait aucunement le Rapport » de la Commission, tel qu'il avait dû exister à la date du 20 juin 1848, et tel que l'avait » approuvé l'Assemblée générale du 22 dudit mois, — mais qu'elle reproduisait très-exactement

» tous les résultats des altérations constatées par le Procès-verbal sus-daté, dans le Manuscrit » lu à l'Assemblée générale;

» Que l'Exposant a reconnu dès lors, et qu'il n'a pas hésité à déclarer à la Compagnie que » ces altérations avaient été commises postérieurement à ladite Assemblée générale, dans le but » évident de lui nuire, en rendant possible cette demande reconventionnelle en reddition de » compte, qui, sans cette falsification du Rapport de la Commission, n'aurait pas eu même » l'ombre d'un prétexte, et n'aurait pas tenu un seul instant contre la *Fin de non-recevoir* résul- » tant des véritables énonciations du Rapport primitif;

» Que, — si elle n'a pas pu épargner à l'Exposant les graves dommages que lui a causés la » privation de cette *Fin de non-recevoir péremptoire* contre une demande injuste, qui, pendant » des années entières, a absorbé tout son temps et toutes ses ressources, et qui, tout récemment » encore, a produit les plus funestes conséquences pour son avenir, — cette déclaration a suffi » pour que le Représentant de la Compagnie, le sieur **Théodore CRÉTU**, qui, en sa » qualité de Secrétaire-archiviste, était demeuré, depuis près de dix-huit mois, en possession » du Manuscrit du Rapport de la Commission, se soit bien gardé de faire trop ouvertement » usage des arguments que, dans son nouvel état, cette Pièce était destinée à fournir contre » l'Exposant; — ce qui a fait que ce dernier n'a pas eu à *s'inscrire en Faux* contre ladite Pièce, » dans le cours même du procès qu'il a dû soutenir contre la Compagnie;

» Mais que maintenant la Compagnie croit pouvoir impunément réclamer la restitution de » cette Pièce falsifiée, et que, dans ce but, elle a actionné M. Bailleux de Marizy, qui a appelé » l'Exposant en garantie:

» Que, si la Pièce dont il s'agit a été altérée, comme l'Exposant en a toujours eu la certitude, » et comme il est aujourd'hui en mesure de le démontrer avec la dernière évidence, il a incon- » testablement le droit de s'opposer, autant qu'il est en lui, à ce que ladite Pièce rentre, dès à » présent, dans les mains de ceux qui pourraient vouloir, ou s'en servir contre lui, ou la » détruire, et de demander en justice, soit la réparation des dommages de toute nature qui lui » ont été occasionnés par les falsifications de cette Pièce, soit la suppression de tous les exem- » plaires imprimés qui ont reproduit ces falsifications;

» Qu'il suffit de comparer le Rapport imprimé avec la Pièce que Me Binet a reçue en dépôt, » pour se convaincre que cet imprimé n'est que la reproduction d'une Pièce altérée et falsifiée » dans ses parties essentielles, et que l'Exposant offre de prouver que ces altérations et falsifi- » cations ont eu pour but et pour résultat de porter atteinte à sa considération et à sa fortune;

» Que la Demande principale formée par la Compagnie contre M. Bailleux de Marizy, et la » Demande en garantie de ce dernier contre l'Exposant, sont distribuées à la première Chambre » de ce tribunal, et appelées à l'audience du mercredi; — qu'à raison de la connexité, c'est » devant la même Chambre que doit être portée la Demande en suppression de tous les exem- » plaires imprimés du Rapport du 20 juin et en dommages-intérêts, que l'Exposant entend » former contre ladite Compagnie;

» Que lesdites demandes de la Compagnie et de M. Bailleux de Marizy, auxquelles doit être » jointe la demande de l'Exposant, ont été déjà plusieurs fois appelées; — qu'il y a donc » urgence;

» Pour quoi il requiert qu'il vous plaise, Monsieur le Président, l'autoriser à faire assigner » la Compagnie anonyme des chemins de fer de Dieppe et de Fécamp, en la personne de ses » Administrateurs, et particulièrement du sieur **Théodore CRÉTU**, son Secrétaire et » **Administrateur délégué**, à trois jours francs, devant la première Chambre de ce » tribunal, déjà saisie des demandes sus-énoncées, où la cause sera, par vous, distribuée;

» Pour, par les motifs ci-dessus, et, en outre, Attendu que l'impression et la publication du » Rapport falsifié ont, ainsi que la falsification elle-même, causé à l'Exposant un préjudice » dont la réparation lui est due; — Que ce préjudice doit être évalué, en partie, en raison de » la publicité plus ou moins grande donnée à ce Rapport;

» Voir ordonner que la présente demande sera jointe aux demandes sus-énoncées, pour être » statué par un seul et même jugement;

» Voir dire que la Pièce déposée chez Me Binet, et réclamée par MM. les Administrateurs, ne » leur sera pas rendue *en l'état où l'ont mise les susdites altérations*, — et voir statuer, sur la » destination ultérieure de ladite Pièce, ainsi qu'il plaira à la Justice;

» Voir prononcer la suppression de la pièce publiée à Paris, sous le millésime de **1848** » comme sortie des presses de *A. Guyot et Scribe, imprimeurs, rue Neuve-des-Mathurins, 18*, et » intitulée: **Rapport de la Commission nommée à l'Assemblée générale des action-** » **naires du 29 avril 1848;**

» Voir dire que, dans le mois du jugement à intervenir, la Compagnie dont il s'agit sera » tenue de rapporter à M. Lézat de Pons tous les exemplaires dudit Rapport qui sont sortis des » presses desdits imprimeurs; — sinon, et faute par elle de ce faire, dans ledit délai, s'entendre » condamner, par le même jugement, à payer, à l'expiration de ce délai, à M. Lézat de Pons, la » somme de cinquante francs par chaque exemplaire non représenté;

» Et, — pour la réparation du préjudice causé à M. Lézat de Pons par la publication d'une » Pièce altérée et falsifiée dans les parties qui l'intéressaient et auxquelles s'était appliquée » l'approbation donnée par l'Assemblée générale des actionnaires, comme par le fait même de » cette falsification,—s'entendre condamner à des **Dommages-Intérêts à donner par état**;

» Voir ordonner que le jugement à intervenir sera, aux frais de la Compagnie, et à la dili- » gence de M. Lézat de Pons, affiché au nombre de trente exemplaires dans chacune des villes de Paris, Rouen et Dieppe, et inséré dans un journal de Dieppe et de Rouen, et dans trois » journaux de Paris, au choix de mondit sieur Lézat de Pons;

» Et pour, en outre, répondre et procéder, comme de raison, à fin de dépens;

» Sous toutes réserves, de la part de l'Exposant, de prendre, si besoin est, de plus amples » conclusions, et notamment sous la réserve la plus expresse de *s'inscrire en Faux*, soit » *Incident*, soit *Principal*, contre tous ceux qui prétendraient faire usage de la Pièce déposée » chez Me Binet, au préjudice de M. Lézat de Pons, et qui s'approprieraient ainsi les falsifica- » tions et altérations que cette Pièce a subies, pendant qu'elle était confiée à la garde de » **M. Théodore CRÉTU**, préposé, comme Secrétaire, aux archives de la Compagnie des » chemins de fer de Dieppe et de Fécamp;

» Et ce sera justice. » *Signé*: **GUIDOU.** »

Les trois demandes, de l'Administration contre M. Bailleux de Marizy, de M. Bailleux de Marizy contre M. Lézat de Pons, et de M. Lézat de Pons contre l'Administration, furent appelées et jointes, à l'audience de la première chambre du tribunal civil de la Seine, du 3 mars 1852. Me Glandaz, avoué de l'Administration, demanda, dans cette même audience que les trois demandes, ainsi jointes, fussent renvoyées à huitaine, pour être plaidées **par observation**.

M. Lézat de Pons dut s'alarmer d'une semblable prétention.

Il crut avoir le droit de faire remarquer au Tribunal que ce n'était pas là une affaire de *simple observation ;* et, pour le lui prouver, il fit imprimer et distribuer la Requête qu'on vient de lire, en la faisant précéder de ces seules considérations :

« Dans la première quinzaine de **Septembre 1851**, l'Administration des chemins de » fer de Dieppe et de Fécamp s'est pourvue, **d'urgence,** devant la **Chambre des vacations** » du tribunal civil de la Seine, contre M. Bailleux de Marizy, ancien Préfet, Rapporteur d'une » Commission d'actionnaires chargée de contrôler sa gestion et de vérifier ses comptes, à l'effet » d'obtenir de lui la restitution de la Minute de son propre Rapport, qu'elle lui aurait confiée le » 8 **Novembre 1849**.

» M. Bailleux de Marizy, — sans reconnaître à cette Administration le droit de lui réclamer » judiciairement une Pièce dont elle ne peut plus avoir aucun besoin, et dont il lui conteste la » propriété, — appelle en garantie M. Lézat de Pons, qui lui aurait fait demander cette même » Pièce, avec promesse de la rendre sous trois jours, et qui refuserait néanmoins, depuis près » de deux ans et demi, de la restituer.

» M. Lézat de Pons n'a jamais, ni fait demander le Manuscrit qui est l'objet de cette contes- » tation, ni fait promettre de le rendre.

» M. Bailleux de Marizy le lui ayant envoyé spontanément, le 11 novembre 1849, M. Lézat » de Pons s'est convaincu qu'il avait été **FALSIFIÉ**, dans le but évident de nuire à sa consi- » dération, et de combattre une demande importante qu'il soutenait, à cette époque, contre » l'Administration des chemins de fer de Dieppe et de Fécamp, par une demande reconven- » tionnelle en reddition de compte, qu'il avait eu la surprise de se voir opposer, au bout d'un » an, **Poursuite et diligence de M. l'Administrateur délégué, Théodore CRÉTU**.

» M. Lézat de Pons a dû s'empresser alors de faire constater une découverte de cette gravité, » et d'exiger que la Pièce altérée fût déposée aux mains d'un officier ministériel, jusqu'au » moment où l'on voudrait le mettre dans la nécessité de déférer formellement le fait à la » Justice, pour en obtenir la réparation.

» Ce moment est venu, puisque l'Administration des chemins de fer de Dieppe et de Fécamp, » — qui s'était prudemment abstenue de toute réclamation du Manuscrit falsifié, pendant tout » le cours de l'instance engagée entre elle et M. Lézat de Pons, — a cru que, cette instance » terminée, elle pouvait impunément essayer de rentrer en possession de ce Manuscrit, et » hasarder devant la Chambre des vacations cette demande en restitution, qui vient d'être » reportée à M. Lézat de Pons, par M. Bailleux de Marizy.

» M. Lézat de Pons, — dont la considération et la fortune ont réellement souffert les plus » graves atteintes des altérations commises, au profit de l'Administration des chemins de fer » de Dieppe et de Fécamp, dans la Minute qu'elle prétendrait aujourd'hui recouvrer par l'auto-

» rité de la Justice, — a formé, contre cette Administration, une Demande en suppression, tant » de la pièce falsifiée, que de tous les imprimés qui en ont reproduit les altérations, et en » dommages-intérêts, pour les préjudices de toute nature que ces altérations lui ont occa- » sionnés.

» Cette Demande avait été appelée, pour la première fois, à l'audience du 18 février dernier, » et renvoyée à quinzaine, *pour être jointe* aux deux autres Demandes, de l'Administration » contre M. Bailleux de Marizy, et de M. Bailleux de Marizy contre M. Lézat de Pons.

» A l'audience du 3 mars, les trois Demandes, ainsi jointes, ont été renvoyées à huitaine, pour » être plaidées **PAR OBSERVATION**, comme l'a fait demander **M. l'Administrateur** » **délégué**, **Théodore CRÉTU**.

» M. Lézat de Pons est assurément aux ordres du Tribunal, pour engager la lutte contre » **M. l'Administrateur délégué**, **Théodore CRÉTU**, et contre ses autres adversaires, à » l'heure qu'il plaira au Tribunal d'indiquer, comme pour la restreindre dans les limites qu'il » lui conviendra de prescrire.

» Mais il ne croit pas s'écarter du respect dû aux volontés du Tribunal, il croit au contraire » s'associer à son désir de rendre bonne et complète justice, en le priant de vouloir bien consi- » dérer : — Que de très-grands intérêts, non-seulement de fortune, mais aussi d'honneur et de » moralité, sont engagés dans cette triple instance; — Que des explications nombreuses, et peut- » être de longs débats, seront indispensables pour éclairer sa conscience, sur tous les intérêts que » touchera sa décision; — Qu'un examen approfondi pourra seul lui faire découvrir la vérité, » sous l'habileté des combinaisons imaginées pour en empêcher la manifestation; — Qu'en un » mot, la mesure du temps que le Tribunal est dans l'usage d'accorder aux causes plaidées » **PAR OBSERVATION** ne suffirait peut-être pas pour bien instruire un procès, dans » lequel on offre de prouver que les Représentants d'une grande Compagnie industrielle n'ont » pas craint de recourir aux actes les plus regrettables, à des manœuvres réprouvées par la pro- » bité, à des falsifications de pièces même, pour atteindre dans sa fortune, dans son état, dans » sa considération, un Membre du barreau de Paris, coupable seulement d'avoir rendu de trop » grands services à leur entreprise, malgré ceux d'entre eux qui avaient tout intérêt à la perdre.

» M. Lézat de Pons comprend très-bien que, dans sa vive sollicitude pour **M. l'Administra-** » **teur délégué**, **Théodore CRÉTU**, l'Avoué de l'Administration des chemins de fer de » Dieppe et de Fécamp ait conçu l'espoir de faire juger une pareille affaire sur **SUR SIMPLE** » **OBSERVATION**.

» Mais le Tribunal voudra certainement modérer ce dangereux empressement; car voici les » termes mêmes de la Demande que M. Lézat de Pons a eu l'honneur de soumettre au Tribunal, » et qu'il a fait signifier, depuis déjà plusieurs semaines, à l'Administration des chemins de fer » Dieppe et de Fécamp, qui ne s'est pas crue encore obligée d'y répondre un seul mot. »

Un pareil langage, à propos d'une Demande qui offrait de se justifier par la voie de l'*inscription de faux*, n'était certes ni trop violent, ni trop peu parlementaire. Aussi l'Administration attendit-elle près de *trois mois* pour s'en montrer blessée.

Elle se borna, dans ses conclusions du 16 mars 1852, à demander le dépôt du Manuscrit au greffe du tribunal. M. Lézat de Pons s'empressa de se joindre à elle pour demander ce dépôt, qui fut en effet ordonné et opéré.

Cette demande de l'Administration l'autorisant à entrer dans la voie tracée par le Code de procédure civile, pour l'*inscription de faux*, M. Lézat de Pons fit à l'Administration, le 20 mars 1852, la *sommation* prescrite par l'art. 215 de ce Code.

L'Administration ne répondit rien.

En conséquence, et conformément à l'art. 217 du même Code, il lui fit donner avenir, le 10 avril suivant, pour plaider, tant sur les conclusions prises contre la Pièce incriminée, faute par ladite Administration d'avoir répondu à la sommation du 20 mars, que sur l'adjudication des autres conclusions de son exploit introductif d'instance. Des conclusions furent réellement posées, à cet effet, par M. Lézat de Pons, le 14 avril 1852.

Le 18 mai de la même année, l'Administration fit enfin connaître son système de défense.

Tout en constatant elle-même ce fait, capital dans la cause, que le Manuscrit réclamé par elle n'était rien moins que la *Minute des délibérations de l'assemblée générale des actionnaires*, elle soutenait que cette pièce n'avait jamais pu constituer un titre pour M. Lézat de Pons ; — que celui-ci, n'étant ni administrateur, ni membre de la Société, n'avait pas le droit de rechercher ce qui avait pu se passer dans son sein ; — que le Rapport du 20 juin avait donc pu être modifié, sans qu'il eût aucune qualité pour s'y opposer ; — qu'il suffisait qu'on n'eût pas employé cette Pièce contre lui, pour qu'il fût irrecevable à se plaindre de son altération ; — qu'au bout du compte, les modifications dont elle pouvait offrir la trace n'étaient que l'exercice légitime du droit qu'ont les auteurs d'un travail de le modifier à leur gré.

Pour ôter à ce système une partie de ce qu'il devait avoir d'étrange à tous les yeux, l'Administration avait eu l'habileté de se tromper plusieurs fois sur la qualification donnée à M. Bailleux de Marizy, auquel elle attribuait ce Rapport ; elle l'avait désigné comme *membre du Conseil d'administration de la Compagnie de Dieppe*, tandis qu'il n'avait jamais été que membre d'une commission d'actionnaires, chargée de contrôler ce Conseil lui-même. En sorte que le Tribunal pouvait être et fut en effet induit à penser que le Manuscrit réclamé par l'Administration était l'œuvre d'un de ses membres, et par conséquent, une œuvre qui lui était personnelle, et qu'elle pouvait changer à volonté, sans que personne eût le droit d'y trouver à redire.

L'Administration ne manquait pas, d'ailleurs, d'accuser M. Lézat de Pons, contrairement à toute vérité, d'avoir commis une action indélicate en se faisant remettre une Pièce sur sa promesse de la rendre, et en la retenant ensuite malgré cette promesse. C'était faire prendre fort à propos le change à tous les sentiments honnêtes des Magistrats, qui, se croyant en présence d'une mauvaise action de la part de l'accusateur, devaient se sentir peu portés à s'engager bien avant dans l'examen, d'ailleurs très-laborieux, des accusations très-graves qu'il articulait contre ses adversaires.

Espérant avec raison qu'il n'en faudrait pas davantage pour prévenir l'honnêteté du Tribunal contre M. Lézat de Pons, l'Administration se souvint alors de demander la *suppression* des quelques observations qui viennent d'être reproduites ci-dessus, lesquelles n'avaient pas eu d'autre but que d'indiquer à la Justice toute la gravité de l'affaire qu'on lui proposait de décider en courant. On prétendit que M. Lézat de Pons avait voulu *diffamer* l'Administration, et que c'était dans cette intention qu'il avait distribué *à profusion* son écrit du 10 mars 1852. On peut voir par la déclaration de l'imprimeur au bureau de la librairie, et par la quittance qu'il a délivrée à cette époque, que le tirage de cette petite *Note* a eu lieu à **soixante exemplaires**, dont une bonne partie sont encore aux mains de M. Lézat de Pons, et peuvent être représentés à la Cour. L'Administration n'en réussit pas moins, comme on va le voir, à faire prononcer cette *suppression*.

Quant à une discussion quelconque sur la sincérité des énonciations et des chiffres contenus dans la Pièce incriminée par M. Lézat de Pons, les conclusions du 18 mai n'en offraient pas un seul mot.

Ce ne fut que *la veille* même du jugement du 12 janvier 1853, dans une *Note* imprimée et distribuée, que l'Administration se montra très-empressée à ouvrir le débat sur cette question capitale dans l'affaire. Or, il faut que la Cour sache bien que *tout*, dans cette *Note*, est d'une *inexactitude* déplorable. Il n'y a pas une allégation qui ne soit démentie par les faits les plus notoires. Il n'y a pas un chiffre qui ne soit dénaturé dans ses éléments. Il n'y a pas une citation qui ne soit de tout point inexacte. Il faut se souvenir qu'il s'agit de *falsifications* dans cette cause, pour revenir de la surprise que la lecture d'une pareille *Note* doit faire éprouver à qui connaît exactement les faits.

M. Lézat de Pons demanda inutilement qu'une remise lui fût accordée pour pouvoir édifier le Tribunal sur la sincérité de cette production.

Sur le rapport de M. le conseiller Chauveau-Lagarde, le Tribunal statua, le lendemain, 12 janvier 1853, dans les termes suivants :

« Le Tribunal,

» Attendu qu'il est reconnu par toutes les parties que le Manuscrit réclamé par la Compa-
» gnie du chemin de fer de Dieppe a servi de base à un Rapport de la Commission des action-
» naires présenté à l'assemblée générale;

» Attendu qu'un tel document, bien qu'étant l'œuvre personnelle de Bailleux de Marizy,
» qui l'a rédigé comme Rapporteur, appartient néanmoins à la Compagnie, dans les archives
» de laquelle, aux termes du règlement, il doit être déposé;

» Attendu qu'il est constant, en fait, que Bailleux de Marizy, qui n'était que détenteur du
» Manuscrit, l'a confié, par l'entremise d'une tierce personne, à Lézat de Pons, à la charge
» par celui-ci de le rendre, après en avoir pris communication;

» Que, dans ces circonstances, Lézat de Pons ne pouvait, sans manquer à la promesse qu'il
» avait faite, retenir le Manuscrit sous quelque prétexte que ce fût;

» Que, s'il a prétendu avoir intérêt à en faire constater l'état et à demander qu'il fût déposé
» au greffe, il est prouvé aujourd'hui que cet intérêt n'existe pas réellement;

» Qu'en effet, les altérations dont il se plaint, en supposant qu'elles aient eu lieu sur le Ma-
» nuscrit, ne sauraient, dans aucun cas, être considérées comme des falsifications, puisque ce
» Manuscrit n'a jamais constitué ni un titre, ni une pièce de procès, et n'a jamais été autre
» chose que l'élément d'un travail intérieur d'administration, dans lequel personne n'avait le

» droit de s'immiscer et que l'Administration a pu changer à volonté, sans que Lézat de Pons
» eût qualité pour s'y opposer;

» Attendu d'ailleurs qu'il est reconnu par Lézat de Pons lui-même que le Manuscrit, avec
» les changements qu'il qualifie de falsifications, est entièrement conforme au Rapport imprimé
» et distribué, qui est devenu officiellement l'œuvre du Rapport de la Commission, et qui n'a
» jamais été désavoué par elle;

» Que, par conséquent, en supposant que Lézat de Pons eût des reproches fondés à adresser
» à la Compagnie, en ce qui concerne ce Rapport, et qu'il pût justifier d'un préjudice quelcon-
» que à cette occasion, ce qu'il ne fait nullement, ce serait sur le Rapport lui-même qu'il
» devrait faire porter sa critique, et non sur le Manuscrit, qui n'a aucun caractère obligatoire
» pour l'une ni l'autre des parties, et qui est seulement la propriété particulière de l'Adminis-
» tration de la Compagnie;

» Attendu dès-lors que les réserves faites par Lézat de Pons, tendantes à s'inscrire en faux
» contre ce Manuscrit, qu'il voudrait faire considérer comme une pièce du procès, sont sans
» objet et doivent être rejetées;

» En ce qui touche la suppression dudit Rapport et les dommages-intérêts demandés par
» Lézat de Pons :

» Attendu que le Rapport ne renferme que des allégations qui ont pu être contestées par
» Lézat de Pons, mais qui n'ont aucun caractère diffamatoire; qu'ainsi sa demande en suppres-
» sion et en dommages-intérêts est mal fondée;

» En ce qui touche la suppression du Procès-verbal de Gossart, notaire, ainsi que la suppres-
» sion de l'écrit imprimé, publié par Lézat de Pons et les dommages-intérêts demandés par la
» Compagnie:

» Attendu qu'il n'est pas justifié par la Compagnie que le procès-verbal de Gossart, notaire,
» renferme autre chose que des constatations matérielles et des prétentions de Lézat de Pons,
» susceptibles de contestation, mais sans aucune allégation calomnieuse;

» Mais attendu que, dans l'écrit imprimé, publié par Lézat de Pons, se trouvent divers pas-
» sages, notamment celui signalé par la Compagnie, où il est dit, entre autres choses, que *les
» représentants de la Compagnie n'ont pas craint de recourir à des manœuvres réprouvées par la
» probité et à des falsifications de pièces*, etc.; — que cette imputation, qui d'ailleurs n'est
» appuyée d'aucunes preuves, ni même d'aucun indice duquel puisse résulter une présomption
» de mauvaise foi contre la Compagnie, est essentiellement injurieuse et diffamatoire, et de na-
» ture à porter atteinte à l'honneur et à la considération des membres de la Compagnie du
» chemin de fer;

» Attendu néanmoins qu'aucun préjudice appréciable n'a été éprouvé par la Compagnie, et
» que la suppression dudit écrit constituera une réparation suffisante envers elle;

» Le Tribunal ordonne la restitution du Manuscrit dont il s'agit à la Compagnie du chemin
» de fer de Dieppe; autorise à cet effet la Compagnie à retirer ledit manuscrit des mains de tout
» dépositaire; — ordonne la suppression comme diffamatoire de l'écrit imprimé chez Chaix,
» publié par Lézat de Pons, sous le titre de : *Pour M. Lézat de Pons, avocat, à la Cour d'appel
» de Paris, contre l'Administration des chemins de fer de Dieppe et de Fécamp;* — dit qu'il n'y

» a lieu d'accorder aucuns dommages-intérêts à la Compagnie du chemin de fer, ni d'ordonner
» la suppression du procès-verbal de Gossart, notaire ; — déboute Lézat de Pons de sa Demande
» en suppression du Rapport dont s'agit et en dommages-intérêts contre la Compagnie, ainsi que
» de toutes ses autres demandes, fins et conclusions ; — condamne Lézat de Pons aux dépens
» envers toutes les parties, tant sur la Demande principale que sur la Demande en garan-
» tie, etc. »

DISCUSSION.

Pour apprécier plus utilement le mérite de l'appel interjeté par M. Lézat de Pons contre ce jugement, nous allons immédiatement poser, dans un ordre méthodique, les quelques questions, qui nous paraissent embrasser la totalité des difficultés soulevées par le procès.

Ces questions sont au nombre de quatre :

1° La falsification prétendue par M. Lézat de Pons est-elle dès à présent démontrée ?

2° Cette falsification a-t-elle été préjudiciable à M. Lézat de Pons ?

3° Les diverses demandes de M. Lézat de Pons sont-elles recevables ?

4° Ces demandes sont-elles fondées ?

PREMIÈRE QUESTION.

La falsification prétendue par M. Lézat de Pons est-elle dès à présent démontrée ?

Nous n'hésitons pas pour notre part à le penser.

On connaît déjà les altérations matérielles constatées par le Procès-verbal de l'huissier Binet.

Il suffit de jeter les yeux sur le Manuscrit incriminé pour se convaincre que ces altérations sont évidentes ; les grattages ou les surcharges qui les constituent sont de nature à frapper l'œil le moins exercé ; elles se lient les unes aux autres et révèlent nécessairement une combinaison intelligente.

C'est vainement qu'on essaierait de les expliquer par une erreur de copiste, ou par une erreur de calcul ; l'impossibilité de cette explication est facile à démontrer.

Prenons pour exemple les altérations qui existent au recto du feuillet 21 du Manuscrit (page 29 du Rapport imprimé).

Voici textuellement rapporté le passage qui les contient :

« Ces 188 hectares 73 ares 41 centiares ont coûté	1,649,773 92
» Sur lesquels il a été payé jusqu'ici	1,432,096 08
» De sorte qu'il resterait à payer.	217,677 84

» Mais de ce chiffre il y aura à déduire pour produits de ventes d'arbres ou de cession. 31,158 40

» Il ne restera donc plus à payer que. **186,519 44**

De ces nombres, trois sont écrits sur des grattages, le premier, le deuxième et le cinquième. On remarque de plus une surcharge dans le premier chiffre du troisième nombre **186.519 44**; le **1** qui commence ce nombre a été substitué à un 2.

Les deux premiers chiffres du nombre 1,4**32,096 28**, et le premier chiffre du nombre **217,677 84** sont des chiffres primitifs et n'ont pas été écrits sur grattage.

Sans nous préoccuper en ce moment de la portée de ces dernières remarques, retenons que les altérations de ce feuillet 21 portent sur trois nombres différents; que les deux premiers de ces trois nombres représentent deux termes d'une soustraction, le nombre à retrancher et la différence; que le troisième représente la différence d'une seconde soustraction qui n'est que la conséquence de la première.

Il est clair que la première de ces altérations a nécessité la seconde, et que la seconde a nécessité la troisième; qu'il y a entre ces trois nombres un rapport arithmétique parfaitement caractérisé; il n'est pas moins clair qu'un rapport de la même nature avait primitivement existé entre les nombres dont les chiffres, en presque totalité, ont été grattés ou surchargés, pour faire place aux nombres nouveaux.

C'en est assez pour conclure que ces altérations n'ont pour cause ni une erreur de calcul, ni une erreur de copie. L'erreur de copie n'aurait pu porter à la fois sur trois nombres différents, liés entre eux par un ordre logique; on ne concevrait pas une erreur qui aurait ainsi choisi les différents termes d'une opération complexe, et qui aurait respecté les nombres voisins et presque tous les autres chiffres du même travail. Quant à l'erreur de calcul, elle ne se concevrait pas davantage; une erreur de ce genre se glisse dans une *opération*, addition, soustraction, etc.; mais ici l'erreur n'existerait pas seulement dans le résultat des deux soustractions, elle porterait aussi sur leurs éléments qui ont été modifiés tout comme le résultat lui-même. L'erreur de calcul, si elle avait été commise, l'aurait d'ailleurs été, non par le copiste, mais par l'auteur du Manuscrit; ce n'est pas sur la copie, mais sur l'original du Rapport que la rectification se serait trouvée.

Nous verrons bientôt que ces altérations inexplicables par les erreurs de copie ou de calcul, ne peuvent ni être attribuées à la volonté des membres de la Commission, ni s'expliquer par aucun motif légitime et sérieux.

Constatons seulement, quant à présent, qu'elles n'ont été faites qu'après que le Manuscrit avait été déjà copié dans son entier; c'est un point qui a son importance.

Il serait d'abord fort étrange que le copiste, qui avait commencé par transcrire les nombres qui depuis ont été grattés, se fût aperçu de l'utilité de rectifier ces nombres au moment même où il venait de les transcrire. Mais une double circonstance vient repousser cette idée avec une force invincible:

Premièrement. — L'un des nombres écrits sur grattage au feuillet 21 du manuscrit, le nombre **186,519 44** se trouve reproduit sur un grattage semblable, au verso du feuillet 44 du même manuscrit; ce dernier grattage ne se comprendrait pas si le nombre **186.519 44** eût déjà été inscrit au feuillet 21, avant que le copiste fût arrivé au feuillet 44, car il accuserait la répétition d'une erreur déjà reconnue et réparée ;

Deuxièmement. — Une seule et même main a écrit tous les chiffres, tous les mots, toutes les lignes qui, dans le Manuscrit, sont superposés à des grattages, quoique ce Manuscrit ait été copié par deux mains différentes. Les grattages n'ont donc pas été faits au cours de la confection de la copie, mais seulement après son achèvement. S'il en eût été autrement, l'écriture placée sur les grattages serait toujours semblable à celle des lignes qui les précèdent et qui les suivent, tandis qu'elle est parfois de la main de l'autre copiste, de celui qui, comme nous l'avons déjà dit, n'ayant copié qu'une portion du Manuscrit, a cependant écrit seul tout ce qui est superposé aux grattages.

Ces altérations visibles et en quelque sorte palpables ne sont pas les seules qui aient été commises sur ce Manuscrit; il en est une autre plus importante peut-être qui, quoique moins saisissante, ne nous semble pas moins certaine : *le feuillet 22 de ce Manuscrit est, dans notre conviction, un feuillet* **interpolé.**

L'état matériel de ce feuillet accuse d'abord son interpolation.

Le feuillet qui le précède, celui qui le suit, sont écrits au recto et au verso ; — l'un contient la matière de 37 lignes du Rapport imprimé, et l'autre la matière de 40 lignes; — le feuillet 22 n'est écrit que sur une partie du recto, et ne contient que la matière de 16 lignes.

Presque tous les autres feuillets du Manuscrit portent à l'un des angles supérieurs un numéro d'ordre, ou de pagination, au-dessous duquel est tracée une barre horizontale. On peut remarquer sur ce feuillet 22 l'absence de cette barre horizontale.

Enfin une double circonstance tend à rendre ce feuillet suspect. Les ratures qu'on y remarque portent non-seulement sur plusieurs chiffres, mais encore sur plusieurs lignes. Leur exécution a dû prendre un temps bien autrement considérable que n'aurait pu le demander une copie nouvelle des quelques lignes qui existent sur ce feuillet. On ne pourrait donc raisonnablement expliquer ces ratures qu'autant qu'il eût été nécessaire de les faire et impossible de procéder à une copie du feuillet nouvelle ; mais les paraphes apposés sur la dernière ligne raturée prouvent que les ratures sont antérieures à l'apposition de ces paraphes, et démentent cette impossibilité.

Pourquoi un travail si considérable, quand il était si simple et si facile de l'éviter, soit en recommençant la copie, soit même en se contentant de bâtonner ces quelques lignes, comme on l'a fait pour d'autres dans d'autres endroits du Manuscrit ?

D'autres preuves plus décisives servent de base à notre conviction. Transcrivons ici, avant de les aborder, ce feuillet 22 dans sa totalité :

« Les *Frais de notaire* s'élèveront à environ. 60,000 00
» et les *Honoraires ainsi que les Frais de déplacement et Dépenses diverses*
» des agents qui se sont occupés de ces affaires, à. **100,000 00**

» Ce qui formera un total de. **160,000 00**

» (environ 10 0/0 du prix d'acquisition.)

» Il a été payé sur cette somme :

» 1° Aux notaires.	50,825 40	119,499 91
» 2° Aux agents de la compagnie.	**68,674 51**	
» Il resterait ainsi à solder.		**40,500 00**

» Mais en dehors de cette somme, M. Lézat de Pons réclame, comme gratification pour lui et divers agents. 114,000 00

» Cette réclamation étant pendante devant le Conseil d'administration et » notre mission n'étant pas d'administrer, nous n'avons pas à émettre » d'avis. »

Ainsi qu'il est facile de s'en assurer, par l'examen de ce feuillet, deux nombres seulement, sur les huit qu'il renferme, ont été écrits sur des grattages ; ce sont les nombres **100,000** et **160,000**.

Les deux nombres qui suivent et qui représentent les deux derniers termes d'une soustraction dont le chiffre **160,000** est le premier ne portent la trace d'aucune altération.

C'est là une circonstance qui serait incompréhensible, si le feuillet 22 n'avait pas été interpolé.

Nous avons déjà vu en effet que les grattages ne se sont pas produits et n'ont pu se produire au cours de la confection de la copie du Manuscrit.

Or, si l'on est forcé d'admettre, dans le système de la non-interpolation du feuillet, que les chiffres **119,499 91** et **40,500 09** ont été écrits avant les grattages sur lesquels ont été superposés les chiffres 100,000 et 160,000, il en résulte nécessairement que ces derniers chiffres existaient avant les grattages, comme ils existent à présent ; que ces grattages étaient donc inutiles et qu'ils ont été simulés. Mais cette simulation est une preuve sans réplique de l'interpolation ; car cette simulation, qui se conçoit dans le système de l'existence de l'interpolation, comme moyen de la dissimuler, devient complétement inexplicable dans le système de la sincérité de ce feuillet.

Cette démonstration prend encore un nouveau degré d'évidence, quand on recherche la possibilité d'expliquer et de concilier la plupart des chiffres qui figurent sur ce feuillet 22, et les observations qui le terminent.

M. Lézat de Pons, dans son Rapport, avait évalué en totalité et par approximation, les *Frais de notaire*, à.	60,000 00
et indiqué que, sur cette somme, ...	50,825 40
avaient été déjà soldés.	
Quant aux *Frais spéciaux de ses deux services* (Acquisitions de terrains et Contentieux), il les avait portés à un chiffre exact de.	96,711 33
sur lequel il avait été déjà payé :	
Savoir, — avec les déboursés de l'Administration,.	61,852 38
— et avec le produit des reventes.	23,108 95
Total	84,961 33

Le feuillet altéré reproduit exactement, sur ces différents chiffres, ceux qui se réfèrent aux **Frais de notaire et autres** parce qu'il n'y avait aucun motif de les modifier ; mais quant aux chiffres relatifs aux **Frais spéciaux des deux services** de M. Lézat de Pons, les seuls dont le maintien ou le changement intéressât ce dernier, il n'en est aucun qui ne soit complétement dénaturé.

Le nombre 96,711 33, représentant la totalité des **Frais spéciaux des deux services**, devient le nombre. . . . . **100,000** »

Au chiffre de 84,961 33, représentant les paiements effectués pour ce chapitre, est substitué le chiffre de. **68,674 51**

et comme conséquence de ces deux changements, le reliquat à payer sur les **Frais spéciaux des deux services**, qui n'était que de 11,750, s'élève au chiffre de (1) **31,325 49**

Pourquoi ces substitutions ? Où la Commission aurait-elle puisé ces chiffres nouveaux ?

Quelle nécessité d'abord d'augmenter le chiffre du montant général des **Frais spéciaux des deux services**, alors que M. Lézat de Pons qui se présentait dans son Rapport, et qui était dans la réalité le créancier de ce qui restait dû sur ces frais, n'indiquait pour cet objet qu'une somme moindre, qu'il déterminait avec précision ?

Aucun chiffre différent ne pouvait être légitimement indiqué à cet égard par le Conseil d'Administration ; comment comprendre que la Commission, qui reproduisait sans changement aucun tous les chiffres se référant aux **Frais de notaire et autres**, ait cru devoir modifier arbitrairement le chiffre total de la dépense des **Frais spéciaux des deux services**.

Mais la substitution du chiffre de **68,674 51** à celui de 84,961 33 est plus inexplicable encore.

Quel intérêt honnête pouvait avoir la Commission à diminuer l'importance d'un paiement effectué sur les **Frais spéciaux**, reconnu par celui qui avait droit de l'obtenir, alors qu'elle avait commencé par constater que ces frais s'élevaient à un chiffre même supérieur à celui accusé par M. Lézat de Pons lui-même ?

Pourquoi ce chiffre de **68,674 51** ? Pourquoi ce retranchement de **16,286 82** du chiffre de 84,961 33 consigné par M. Lézat dans son Rapport ?

Serait-ce parce que la Commission aurait voulu retrancher de ce nombre le chiffre de 23,108 95 payé à l'aide des reventes ? Mais, alors, ce retranchement aurait donné pour résultat le chiffre 61,852 38, et non pas le chiffre **68,674 51**.

Comment admettre, d'ailleurs, que la Commission eût voulu faire disparaître ainsi l'emploi d'une somme qu'elle savait avoir été *recouvrée* pour le compte de la Compagnie, et qu'elle

(1) On voit en effet que si du nombre de. **40,500 00**
on retranche celui de. 9,174 60
qui était dû, par approximation, sur les *Frais de notaires et autres*, on obtient pour reste ce nombre de... 31,325 49

ne portait en recette dans aucun autre endroit de son Rapport? — Comment admettre qu'ayant sous les yeux la preuve qu'il ne restait dû pour **Frais divers** que. . . . 20,924 60

elle eût voulu, par une suppression de paiements accomplis et la dissimulation d'une recette effectuée, augmenter indûment cette dette d'une différence de. **19,575 49**

et la porter à un total de. **40,500 09**

Ce ne sont pas seulement les chiffres de ce feuillet interpolé qui prêtent à l'équivoque. Si ces chiffres, comme nous l'avons déjà vu, sont en contradiction avec le Rapport de M. Lézat de Pons, les quelques lignes qui terminent ce feuillet font au contraire supposer que, sauf un point unique, la Commission a complétement approuvé ce Rapport et les chiffres qu'il renferme.

En effet le détail des chiffres se termine comme il suit :

« *Il resterait ainsi à solder* **40,500 09**.

Puis on ajoute : « mais en dehors de cette somme, M. Lézat de Pons réclame, comme gratification, pour lui et divers agents, 114,000 fr. »

Ne doit-on pas comprendre cette phrase dans ce sens, que cette somme de **40,500 09** a été réclamée par M. Lézat; que, sur ce point, il y a complet accord entre M. Lézat, qui demande, et la Commission qui approuve?

Cela ne devient-il pas encore plus sensible, lorsqu'on lit à la fin du feuillet :

« Cette réclamation (de 114,000 fr.), étant pendante devant le Conseil d'Administration, et notre mission n'étant pas d'administrer, nous n'avons pas à émettre d'avis. »

Ne semble-t-on pas limiter ainsi très-positivement à cette somme de 114,000 fr. la partie du Rapport de M. Lézat de Pons, à laquelle on ne donne pas une entière et définitive adhésion?

En résumé, les chiffres, les énonciations de ce feuillet, que nous soutenons interpolé, sont, pour la plupart, contradictoires, équivoques, inexacts.

N'est-ce pas là une preuve considérable de son altération, c'est-à-dire de son interpolation?

Est-il possible, serait-il raisonnable d'attribuer à la Commission ces incohérences et ces inexactitudes?

Une dernière considération viendrait encore fortifier notre conviction sur l'existence de cette interpolation, si déjà elle n'était complète.

Les altérations du feuillet 21 sont un fait hors de doute.

Or, il existe entre ces altérations du feuillet 21 et les chiffres ou les énonciations du feuillet 22 dans son état actuel, une corrélation morale et arithmétique frappante.

Les unes et les autres concourent évidemment à un même but et à un même résultat : le bouleversement cauteleux et équivoque des chiffres du Rapport de M. Lézat de Pons, pour détruire l'adhésion donnée par la Commission à ce Rapport. Les augmentations arbitraires des paiements portés au feuillet 21, les diminutions non moins arbitraires des paiements qui figurent au feuillet 22, ont été calculées dans un esprit d'équilibre approximatif qui permet de maintenir, ou à peu près, les chiffres généraux et définitifs fournis par M. Lézat de Pons.

Cela étant, comment admettre à la fois l'altération du feuillet 21 et la non-altération du feuillet 22, alors que l'une suppose l'autre ?

Trois hypothèses seulement sont possibles, entre lesquelles il faut choisir :

L'altération des deux feuillets ;

L'altération d'un seul ;

La non-altération des deux.

L'évidence repousse la dernière ; la logique proteste contre la seconde ; la troisième est à la fois vraisemblable, démontrée, nécessaire.

Nous pouvons donc dès à présent tenir pour certain que le Manuscrit incriminé renferme des altérations matérielles : des ratures, des surcharges, une interpolation.

Que nous reste-t-il donc à faire pour compléter la preuve que nous avons entreprise de la falsification du Manuscrit ? Etablir que ces altérations matérielles émanent d'une pensée répréhensible, qu'elles ont été commises intentionnellement. Cela nous sera facile.

Déterminons d'abord avec précision en quoi consistent ces altérations.

M. Lézat de Pons affirme qu'elles ont été faites pour substituer aux chiffres que la Commission avait pris dans son Rapport en les approuvant, des chiffres différents, dans le but de faire disparaître avec l'*identité* de ces chiffres l'approbation qui en résultait.

Ne serait-ce là qu'une allégation gratuite et dénuée de preuves ? Non certainement.

Un fait positif, c'est que presque aucun des chiffres du Manuscrit étrangers aux services de M. Lézat de Pons, n'a été écrit sur des ratures et ne porte l'empreinte d'une surcharge ; c'est que parmi les chiffres de ce Manuscrit relatifs aux services de M. Lézat, quelques-uns seulement sont surchargés ou écrits sur des ratures. C'est que ces ratures ou surcharges ne se remarquent dans aucun des chiffres du Manuscrit qui sont conformes à ceux du Rapport de M. Lézat, et que ces altérations se concentrent dans les chiffres du manuscrit qui diffèrent de ceux de ce Rapport.

N'est-il pas naturel d'en conclure que ces altérations ont été pratiquées dans le but indiqué par M. Lézat de Pons, de substituer des chiffres nouveaux à ceux qui avaient été empruntés à son Rapport ?

Une circonstance matérielle vient corroborer cette présomption si forte.

Nous avons déjà fait remarquer que le premier chiffre du nombre **186,519 44** qui figure au feuillet 21, et dont les sept derniers chiffres sont écrits sur un grattage, a été surchargé, et que le chiffre **1** qui commence ce nombre avait été formé avec un 2 encore fort reconnaissable. Il faut donc tenir pour certain que le nombre qui existait avant celui de **186,519 44** était de 200,000 fr. au moins.

Or, le chiffre résultant du Rapport de M. Lézat était de 204,907 fr. 38 c. (1)

On peut remarquer aussi, 1° que dans le nombre 1,4**32,096 08** du même feuillet, les

(1) C'est en effet ce chiffre que la Commission avait dû trouver quand elle avait retranché des 236,065 fr. 78 c. d'indemnités restant à payer, la somme entière de 31,158 fr. 40 c., produite par les diverses reventes. Si elle n'en avait retranché que la somme de 25,607 fr. 96 c. restant réellement disponible, elle aurait trouvé pour reste le nombre de 210,457 fr. 82 c.

sept derniers chiffres seulement sont écrits sur un grattage. Le nombre remplacé commence donc par les deux chiffres 1 et 4 qui ont été conservés; le chiffre correspondant du Rapport de M. Lézat est 1,413,708 fr. 14 c.

Enfin, le nombre **217,677 81** du même feuillet a les sept derniers chiffres écrits sur un grattage. Le nombre correspondant du Rapport de M. Lézat était de 236,063 fr. 78 c.; le premier chiffre de ce nombre avait seul pu être conservé; il l'a été.

Cette coïncidence, qui serait vraiment inexplicable si M. Lézat était dans l'erreur, ne serait-elle pas à elle seule une preuve suffisante de la vérité de son opinion?

Mais nous pouvons pousser plus loin cette démonstration.

Il est hors de doute que lorsque la Commission a rédigé son Rapport, elle avait sous les yeux le Rapport et les chiffres de M. Lézat de Pons, *rectifiés* conformément à ses deux lettres des 14 et 25 mai 1848. Le Manuscrit de la Commission, tout altéré qu'il est aujourd'hui, en fournit la preuve positive, puisqu'il renferme des chiffres qui ont été pris dans le Rapport ainsi rectifié de M. Lézat, et qui n'ont pu être pris que là, car ils n'existaient alors dans aucun autre document.

C'est du reste un fait reconnu par les Commissaires, et qu'il leur serait bien impossible de nier, puisqu'ils ont adopté, dans leur Rapport du 20 juin, la classification des dépenses relatives aux deux services de M. Lézat de Pons, en *trois chapitres*, classification qui ne se trouvait nullement dans le compte qui leur était présenté par le Conseil d'Administration.

M. Lézat de Pons avait eu, en effet, la direction exclusive des deux services dont il avait dressé les comptes; ces comptes n'avaient été présentés et n'avaient pu alors encore être présentés que par lui. La Commission, ainsi que le constatent les pages 78 et 79 non altérées de son Rapport, avait arrêté qu'elle proposerait à l'Assemblée générale des actionnaires l'approbation de tous les comptes intéressant la Compagnie. On devait donc retrouver, sans modification aucune, dans ce Rapport de la Commission, tous les chiffres du Rapport de M. Lézat de Pons.

Pour qu'il en fût autrement, il aurait fallu que la Commission pût avoir des motifs de changer les chiffres de M. Lézat de Pons, c'est-à-dire qu'elle eût reconnu l'inexactitude de ces chiffres et qu'elle eût voulu les modifier; mais, ainsi que nous allons bientôt l'établir, aucun de ces motifs n'existait.

Nous n'avons pas maintenant d'efforts à faire pour rendre intelligibles au lecteur le but et la pensée de ces altérations dont nous avons déjà prouvé l'existence, et qui ont consisté, comme on vient de le voir, à détruire l'*identité* de chiffres qui existait entre le Rapport de M. Lézat et celui de la Commission. L'exposé qui précède cette Discussion a fait connaître ce but et cette pensée dans ses moindres détails, et a signalé avec clarté la connexité intime qui relie ces altérations à la demande reconventionnelle dont M. Lézat de Pons a eu tant à souffrir. Il nous suffit de rappeler que l'intention qui a dicté cette manœuvre était éminemment coupable; qu'elle était à la fois un acte d'ingratitude et d'iniquité.

Hâtons-nous actuellement d'établir comme nous l'avons annoncé tout à l'heure que les chiffres qui figuraient au Rapport de M. Lézat de Pons étaient exacts, et que la Commission n'avait ni pu, ni voulu les modifier. C'est là un point d'une importance capitale dans ce débat.

Nous n'aurons plus ensuite, pour épuiser ce qui est relatif à cette première question, qu'à réfuter rapidement les objections qu'il nous est permis de prévoir.

Démontrer l'exactitude des chiffres de M. Lézat de Pons, c'est en même temps prouver l'inexactitude des chiffres altérés du Rapport de la Commission.

Cette démonstration est des plus faciles.

M. Lézat produit des comptes imprimés avec le plus grand soin, qui renferment des justifications détaillées jusqu'à la minutie, et desquels résulte la preuve formelle de l'exactitude des chiffres de son Rapport.

Vainement a-t-on essayé de soutenir que les différences relevées par M. Lézat, entre ses chiffres et ceux du Rapport de la Commission, tenaient à ce que les comptes des deux Rapports n'étaient pas arrêtés à la même époque.

Cette explication, qui permettrait à la rigueur de comprendre l'augmentation du chiffre des paiements pour **Acquisitions de terrains**, est évidemment inadmissible pour justifier la diminution opérée sur les paiements des **Frais spéciaux des deux services.**

Mais les faits les mieux avérés donnent à cette explication un irrésistible démenti.

La Commission (cela est prouvé par de nombreux passages des Rapports des 29 avril et 20 juin 1848) n'avait pas été chargée de vérifier les comptes au-delà du 20 avril 1848, et elle n'a pas outrepassé son mandat. Toute dénégation sur ce point serait non-seulement téméraire, mais impossible, en présence des preuves géminée que nous venons de rappeler (1).

Il demeure donc établi que la Commission n'aurait pu s'écarter des chiffres de M. Lézat qu'en se donnant le tort grave de méconnaître sans motif leur exactitude et en manquant à ses devoirs. Il y a donc une véritable impossibilité morale à ce que cette Commission ait voulu modifier ces chiffres. L'impartialité scrupuleuse que lui imposait sa mission exclut une pareille idée. Le motif qui a déterminé ces modifications n'existait pas d'ailleurs encore le 20 juin, au moment où la Commission déposait son Rapport, après en avoir donné lecture aux actionnaires réunis; la réclamation judiciaire de M. Lézat contre la Compagnie ne date en effet que du 13 juillet, et cette réclamation seule a pu inspirer un changement de chiffres qui, sans elle, ne serait qu'un *effet sans cause.*

Pour que des présomptions morales aussi fortes, aussi puissantes, fussent détruites ou ébranlées, il faudrait que la Commission vînt se reconnaître l'auteur de ces changements et en assumer la responsabilité. Le fait-elle ? De nombreux documents joints au dossier donnent au contraire la certitude absolue que, loin de vouloir changer les chiffres de M. Lézat, la Commission a entendu les approuver tous.

---

(1) Le compte qui aurait été présenté par le Conseil d'Administration à la Commission et d'après lequel celle-ci aurait établi son Rapport du 20 juin, s'il fallait en croire les prétentions actuelles, porte lui-même la date du 20 avril 1848. Le total des déboursés faits pour ce que le Conseil appelle d'un seul mot le *Chapitre des Terrains*, y figure pour une somme de. **1,551,595 99**

Or, le total des paiements faits pour les trois chapitres des deux services de M. Lézat de Pons, d'après le Rapport altéré de la Commission, est exactement de. **1,551,595 99**

Cela prouve bien deux choses : d'abord, que l'auteur des altérations a su mettre le résultat définitif du Rapport de la Commission en harmonie avec le compte présenté par le Conseil, malgré les différences essentielles qui existaient entre les éléments de ce résultat, — ensuite, qu'en ne s'expliquant les différences de chiffres existant entre leur Rapport et celui de M. Lézat de Pons, que par une différence de date entre les situations données par les deux Rapports, MM. les Commissaires reconnaissent par celà même que ces différences ne sauraient s'expliquer du tout.

On peut lire en effet, dans la correspondance de M. Bailleux de Marizy avec M. Lézat de Pons, les déclarations suivantes :

« J'affirme que je n'ai en aucune façon pensé à donner un démenti aux assertions de M. Lézat de Pons, ni à ses chiffres; je ne me rappelle même pas avoir reconnu *une différence* entre les siens et ceux de M. Vuignier, qui a fait cette partie du Rapport.

» Je ne puis m'expliquer les *différences* que signale M. Lézat.

» Je n'ai point assez présent le souvenir de la discussion de la Commission sur cet article du Rapport de M. Vuignier pour le rappeler ici; mais j'affirme que la Commission a entendu que sur la première partie des réclamations de M. Lézat de Pons il n'y eût aucune discussion, c'est-à-dire que tout ce qui lui était dû lui fût intégralement payé. »

« Je déclare hautement que si j'avais pu penser qu'il y eût *contradiction entre ces chiffres* » *et les vôtres*, et qu'on eût voulu tirer une conséquence telle quelle de cette contradiction, je » n'aurais pas consenti à les laisser inscrire sans vous avoir entendu. Si j'ai été complice d'une » erreur, je désire qu'il soit très-fort établi que je ne puis suspecter en rien l'*exactitude de vos* » *chiffres*, et qu'en signant le Rapport où il en a été établi de différents, ***je ne croyais pas à*** » ***cette différence.*** »

Ces déclarations si formelles de M. Bailleux de Marizy sont confirmées par celles qui ont été faites par deux autres membres de la Commission, MM. Fournier et Séguin, aux amis de M. Lézat de Pons, et qui sont consignées dans deux lettres de MM. de Sainte-Rose et de Séré, des 9 et 10 février 1852.

Déclaration de M. Fournier :

« En réponse aux questions que nous lui avons nettement posées de votre part, M. Fournier » nous a nettement déclaré à plusieurs reprises :

» 1° Que la Commission avait, *à l'unanimité*, adopté *tous* les chiffres de votre Rapport du » 25 avril 1848...

» 2° Que, depuis cette adoption de tous vos chiffres jusqu'à l'Assemblée générale du 22 juin, où » le Rapport de la Commission avait été lu aux actionnaires, il n'y avait eu, de la part de la Com- » mission, aucune sorte de délibération pour modifier en quoi que ce soit aucun de ces chiffres. »

Déclaration de M. Séguin :

« Malgré l'extrême réserve dans laquelle il a cru devoir se renfermer, M. Charles Séguin ne » nous a pas moins déclaré :

» Que la Commission avait bien sûrement adopté, à *l'unanimité, tous* les chiffres de votre » Rapport général du 25 avril 1848, et que, dans aucune délibération ultérieure, elle n'était » revenue sur cette adoption, pour les modifier en aucune manière. »

Ainsi, sur quatre membres de la Commission, trois, MM. Bailleux de Marizy, Fournier et Séguin, déclarent qu'ils ont entendu reproduire et approuver tous les chiffres de M. Lézat de Pons.

Voyons maintenant ce que dit le quatrième, M. Vuignier. Sa réponse, qu'il n'a pas été possible d'obtenir directement, a été transmise, le 25 novembre 1849, à M. Lézat de Pons, par M. Bailleux de Marizy. Nous la reproduisons en entier aux pièces justificatives; analysons-la ici succinctement.

M. Vuignier dit :

« 1° En ce qui concerne le chiffre de **1,432,096** fr. **08** c., prétendu payé pour *Acquisitions*
» *de terrains*, que ce chiffre exprime la situation de la Compagnie au mois de *juin 1848*, laquelle
» diffère de celle du mois d'*avril ;*

» Que cette situation du mois de juin était établie sur un *compte général* présenté par l'Administration ;

» Qu'il résultait de ce compte que de *nouvelles indemnités* avaient été payées depuis le mois
» d'avril, mais que ce compte avait été accepté par la Commission *sans examen de quittances.*

» 2° En ce qui concerne les *Frais de notaire*, que ces frais s'élevaient, au mois de juin,
» à 50,825 fr. 40 c., mais que, comme il restait des contrats à passer ou à liquider, on avait
» voulu porter approximativement un chiffre général, et qu'on avait évalué en nombre ronds
» cette dépense à 60,000 fr.

» 3° En ce qui concerne les *Frais spéciaux des deux services :*

» Que M. Lézat de Pons, dans son Rapport, avait porté le total de ces dépenses spéciales, pour
» ce qu'il avait déjà reçu comme pour ce qu'il lui restait à recevoir, à 96,711 33.

» Que la Commission avait reconnu que ces chiffres n'étaient pas discutables ; que ces dé-
» penses devaient être payées ;

» Que si on avait substitué à ce chiffre de 96,711 fr. 33 c. celui de **100,000 00**, c'était
» seulement pour faire un chiffre rond ;

» Qu'il ne sait pas si c'est sur quittances, sur compte général ou sur les livres de la Com-
» pagnie qu'il a pris le chiffre de **68,675 51**, indiquant les sommes déjà payées sur les *Frais*
» *des deux services* de M. Lézat, et substitué au chiffre de 84,961 33; mais que la justification de
» ce chiffre de **68,674 fr. 51 c.** ne pouvait lui être donnée que par les pièces que l'Admi-
» nistration lui produisait, et qu'il s'est borné à l'inscrire ; que le chiffre du total restant à payer
» a été naturellement déterminé par les chiffres déjà adoptés pour le total de la dépense et pour
» les paiements effectués. »

Enfin, cette réponse se termine par les réflexions suivantes :

« Pourquoi l'auteur du travail a-t-il écrit des chiffres approximatifs et dépassé plutôt que
» diminué les prévisions ?

» *Il recherchait surtout un but moral et poursuivait plutôt l'ensemble que le détail des opérations.*

» Relativement à cette partie de son travail, il s'était posé ces deux questions :

» Les indemnités payées pour terrains ont-elles été trop élevées ; les honoraires, frais de
» tous genres ont-ils dépassé certaines limites ?

» Dois-je approuver les uns et contester les autres ?

» A ces deux questions il a répondu de la même manière et par la même *approbation.*

» Les indemnités pour terrains se sont élevées à un taux bien plus favorable que sur les
» lignes voisines pour la Compagnie de Dieppe, et le compte des frais, etc., ne doit pas être
» contesté ; il doit être *approuvé et soldé.*

» Ce sont ces conclusions que la Commission a *approuvées.* »

Reprenons dans leur ordre les singulières explications de M. Vuignier.

Trois changements opérés sur les chiffres de M. Lézat lui étaient préjudiciables et avaient principalement dicté les demandes par lui adressées aux membres de la Commission.

Ces changements portaient sur :

1° Les paiements effectués sur les acquisitions de terrains;

2° L'ensemble des dépenses afférentes aux deux services de M. Lézat;

3° Les paiements effectués sur les dépenses de ces deux services.

Il n'est aucun de ces changements que M. Vuignier parvienne à justifier, même spécieusement.

Nous pouvons au contraire démontrer sur tous les points l'inexactitude et l'impossibilité de ses justifications.

Premièrement, il est faux que la différence des paiements effectués sur les acquisitions de terrains ait pour cause une différence de situation entre les dates du 25 avril et du 20 juin;

Faux que la situation du 20 juin eût été présentée par l'Administration;

Faux que cette situation du 20 juin soit celle donnée par la Commission.

L'Administration n'avait pas pu avant le 20 juin présenter les éléments de cette situation; car nous rapportons la preuve qu'à cette époque elle ne possédait pas tous ces éléments (1).

La Commission n'a pas donné la situation du 20 juin, il suffit pour s'en convaincre de jeter les yeux sur les énonciations des pages 26, 27, 61 du Rapport imprimé, qui toutes portent la preuve que la Commission chargée de régler la situation *au 20 avril*, l'avait effectivement réglée à cette date.

Enfin, si la Commission avait eu au 20 juin les documents établissant les paiements effectués depuis le 20 avril précédent (documents qu'elle n'avait pas et qu'elle ne pouvait pas avoir), ce n'est pas le chiffre de 1,**432,096** fr. **08** c. qu'elle aurait pu indiquer pour les paiements faits en Acquisitions de terrains, chiffre complétement inexact, mais bien le chiffre de 1,422,571 fr. 57 c., ainsi que cela résulte des Comptes imprimés produits par M. Lézat de Pons (état n° V).

Deuxièmement, il est inadmissible que, voulant approuver les chiffres présentés par M. Lézat pour les frais de ses deux services, et reconnaissant que ces chiffres n'étaient pas discutables, la Commission, au lieu de reproduire le nombre exact de 96,711,33, l'ait remplacé par le nombre rond, **100,000** fr.

Il n'y avait rien d'éventuel, rien d'approximatif dans ce nombre de 96,711,33; il ne représentait pas une dépense dont une partie restait à faire, comme les frais de notaire, mais une dépense définitive, faite et consommée.

Cette substitution d'un chiffre approximatif à un chiffre exact, demeure donc inexplicable et inexpliquée, dans le système de la non-altération du Manuscrit.

Troisièmement, M. Vuignier est dans l'impossibilité d'indiquer, ni pourquoi il a adopté le chiffre de **68,674 51** pour les paiements applicables aux services de M. Lézat, ni pourquoi

---

(1) Cette preuve résulte : 1° de la date des récépissés fournis par l'Administration; 2° de la correspondance du Conseil avec M. Barbey-Duquil.

il n'a pas reproduit le chiffre de 84,961 33 fourni par M. Lézat de Pons. Sur ce point les justifications ne sont pas seulement inadmissibles, *elles n'existent pas*.

Reste seulement qu'après avoir augmenté sans motif au chapitre du montant des *Frais des deux services* les dépenses de la Compagnie, la Commission, si le Manuscrit n'était pas altéré, aurait diminué sans plus de motif, d'une somme de plus de **16,000**, les paiements effectués par la Compagnie sur une dépense reconnue.

Voyons maintenant si les réflexions générales qui terminent sa réponse sont plus acceptables.

S'il était vrai que la Commission se fût posé les questions et eût adopté les conclusions indiquées par M. Vuignier, celui-ci aurait été pour ses résolutions un bien singulier interprète, dans l'hypothèse de la non-altération du Manuscrit ; car on ne voit nulle part dans ce Manuscrit (en son état actuel), que le compte des *Frais des deux services* de M. Lézat de Pons doive être approuvé et soldé. On n'y retrouve pas même les chiffres de M. Lézat de Pons, et les chiffres qui dans ce Manuscrit ont été substitués aux siens, combinés avec une rare habileté, loin d'être l'approbation de ceux de M. Lézat et de ce qu'on appelle *son compte*, en sont au contraire le démenti.

Il n'y a cependant qu'une manière d'approuver des chiffres, quand on les écrit, c'est de les reproduire tels qu'ils sont.

M. Vuignier, qui recherchait, à ce qu'il dit, un but moral, et qui se préoccupait, à ce qu'il assure, plus de l'ensemble que des détails de l'opération, aurait été bien malencontreux dans la rédaction dont il semble prendre la responsabilité. Cette rédaction a en effet enlevé à M. Lézat de Pons tout le bénéfice de l'approbation qu'on dit lui avoir accordée ; elle a permis d'intenter contre lui une demande injuste et déloyale ; elle est devenue dans les mains de M. Théodore Crétu une arme d'iniquité. M. Vuignier, qui ne se préoccupait que de l'ensemble de l'opération, n'a pas mis dans son travail une seule phrase générale qui exprimât cette idée d'ensemble ; et quant aux détails qu'il dédaignait, il en a accumulé un assez grand nombre d'inexacts, et avec un malheur assez surprenant, pour que ces détails inexacts aient eu, contre M. Lézat de Pons, précisément l'effet contraire de celui que devait produire l'expression de cette opinion générale, dont l'absence seule peut être remarquée dans le Rapport de la Commission.

Il est donc impossible de prendre au sérieux ces explications de M. Vuignier ; elles sont bien loin de prouver la sincérité du Manuscrit ; elles ne peuvent prévaloir sur les déclarations des autres membres de la Commission, ni sur les preuves positives de l'altération que nous avons déjà précédemment accumulées ; elles ne s'expliquent que par l'affaiblissement des souvenirs de leur auteur, ou par le désir de ménager tous les amours-propres et de concilier tous les intérêts.

Ce qui est certain, ce qui domine toute cette discussion, ce qui rassurerait au besoin la conscience la plus timorée, c'est que le Rapport de M. Lézat de Pons reposait sur des données exactes, c'est que la Commission tout entière a voulu approuver son Rapport, et n'a voulu contester aucun des chiffres qu'il renfermait ; c'est cependant que le Rapport de la Commission, dans son état actuel, a changé les chiffres essentiels du travail de M. Lézat, et ne renferme pas l'approbation de ce travail.

Pour que l'œuvre officielle de la Commission soit ainsi en contradiction manifeste avec la pensée qui l'a inspirée, n'est-il pas nécessaire que cette œuvre ait été falsifiée ? N'est-il pas évident qu'elle l'a été, alors que le Manuscrit de ce Rapport porte les traces matérielles de nombreuses altérations ?

D'autres preuves d'une autre nature viennent encore confirmer cette démonstration. Comment expliquer, si le Manuscrit n'avait pas été altéré, la co-existence de ces deux faits : 1° que lorsque pour la première fois (au moment où venait de commencer le procès entre M. Lézat et la Compagnie), le Rapport de la Commission a été imprimé à la suite du procès-verbal de la séance du 22 juin, — ce Rapport, contrairement à tous les usages, n'ait été imprimé que *par extraits*, et que la suppression faite ait précisément englobé tout ce qui était relatif aux deux services de M. Lézat de Pons ; — 2° que le même Rapport, qui, la première fois, n'avait été imprimé que par extraits, à cause de sa longueur (ainsi que l'apprenait une note de l'Administration) ait été réimprimé en *totalité* dans le mois de janvier 1849, à un moment où cette impression générale était devenue complétement inutile, et que l'administrateur délégué qui faisait procéder à cette réimpression, M. Théodore Crétu, ait essayé de lui donner une anti-date ?

Comment expliquer encore, dans le système de la non-altération du Manuscrit, l'attitude, la conduite, le silence de celui de MM. les Administrateurs qui poursuivait le procès contre M. Lézat de Pons, en présence des attaques formulées par celui-ci dans le premier procès, à l'occasion de cette altération ? La vérité sûre d'elle-même, l'innocence calomniée, montrent d'habitude plus de susceptibilité et de courage.

Il ne nous reste plus qu'à examiner la valeur des objections qui ont été déjà produites contre la falsification dont nous sommes convaincu. Nous ne pouvons en puiser aucune dans le jugement dont est appel. Cette décision semble, en effet, plutôt admettre l'altération que la repousser.

Voyons celles qui ont trouvé place dans la Note imprimée distribuée en première instance pour le Conseil d'administration.

L'auteur de cette Note est mal informé, quand il dit que M. Lézat de Pons n'a pas dit un mot de la falsification dans le premier procès ; c'est là une inexactitude positivement démontrée par les pièces du procès. (Voir la page 30 de la Note produite par le consultant dans le cours de ce procès et le compte rendu des débats dans le journal le *Droit*, du samedi 16 février 1850.)

La Note des adversaires est également dans le faux, nous l'avons déjà prouvé, lorsqu'à la page 3°, elle essaie d'expliquer les altérations matérielles du Manuscrit qu'elle ne peut pas contester, *par les erreurs si faciles qui se commettent chaque jour dans la reproduction d'un chiffre, dans l'addition d'un total.*

Mais elle place, nous devons le reconnaître, la discussion sur son véritable terrain lorsqu'elle dit, un peu plus loin, à la même page :

« Quelle est la question du procès ? ce n'est pas de savoir s'il y a ou non des chiffres apposés » sur des grattages, mais si ces chiffres sont ceux qui devaient figurer au Rapport. »

Examinons donc avec l'auteur de la Note si les chiffres que nous prétendons altérés sont, comme il le soutient, des chiffres vrais.

Le premier chiffre dont la Note tente de démontrer l'exactitude est le chiffre 1,432,096 08.

Ici la Note commet une première erreur en indiquant que ce chiffre représente le *prix des terrains*, tandis qu'il exprime les sommes qu'on prétend avoir été *déjà payées* sur ce prix.

Il fallait donc comparer ce chiffre, non pas à celui de 1,481,376 36, indiqué par M. Lézat comme représentant le total des sommes *déboursées* par la Compagnie pour acquisitions de terrains, mais à celui de 1,413,708 14, posé par lui pour exprimer le total des paiements réellement effectués pour le même objet.

La Note commet ensuite une autre erreur en ajoutant que ce chiffre de 1,481,376 36, auquel elle substitue à tort celui de 1,482,261, se compose, dans le Rapport de M. Lézat, du *prix des terrains* et des *frais de notaires*, tandis qu'on peut voir, à la page 24 du même Rapport, que ce chiffre total se compose de quatre chiffres distincts, dont les deux premiers représentent la somme jusque là payée pour les acquisitions de terrains, dont le troisième s'applique aux frais de notaires, et dont le quatrième, qui est de 17,727 96, indique le montant des dépôts existants chez les notaires et autres comptables.

La démonstration tentée pour la justification d'un second chiffre de 217,677 84, n'est ni plus heureuse, ni plus concluante.

Ce chiffre représente, dans le Manuscrit, la somme restant à payer pour les acquisitions de terrains.

Le chiffre correspondant qui doit résulter du Rapport de M. Lézat de Pons est de 236,065 78.

Quant au chiffre de 217,337 55 que la Note prétend figurer aux pages 17 et 18 du compte-rendu de M. Lézat, comme indiquant le solde à payer, il n'existe dans aucune partie de travail.

On trouve il est vrai, à la page 23, un chiffre approximatif de 219,632 42; mais ce nombre représente le solde, non pas des Acquisitions de terrains, mais de l'ensemble des deux services, dans le cas où on refuserait à M. Lézat jusqu'aux 11,750 fr. qui lui étaient dus, indépendamment de ses honoraires extraordinaires; et le Rapport de la Commission ne fait de réserves qu'au sujet de cette dernière prétention.

Il y a donc là autant d'inexactitudes que de mots.

Tous les autres détails de chiffres qui se trouvent dans cette Note, moins peut-être ceux qui sont étrangers à M. Lézat, sont également erronés.

On présente le nombre de 100,000, s'appliquant aux *Frais spéciaux des deux services*, comme non contesté, tandis qu'il constitue une des altérations principales.

On dit que le chiffre de 186.519 44 du feuillet 21, ou de la page 29 du Rapport imprimé, n'est pas altéré, tandis qu'il est écrit tout entier sur un grattage.

Une seule objection de quelque valeur est comprise dans ce document, c'est celle qui consiste à invoquer, contre l'incrimination des grattages du feuillet 22, les paraphes des Commissaires qui sont écrits sur le dernier de ces grattages.

On a vu plus haut que nous considérions une partie de ces grattages comme étant évidemment simulés, et comme constituant une preuve de l'interpolation de ce feuillet 22.

C'est donc uniquement au point de vue de l'interpolation, et non des grattages, que nous devons examiner la partie de l'objection ; elle aurait, nous l'avouons, contre notre prétention, une certaine force, s'il était établi que les signatures et les *paraphes* des Commissaires ont été apposés sur le Manuscrit avant le 22 juin. Mais c'est le contraire qui est prouvé. Il résulte en effet, positivement, d'une lettre de M. de Marizy, que le Rapport n'a été signé qu'à la fin de juillet, qu'il l'a été avec précipitation. Cette signature tardive et précipitée n'exclut pas évidemment l'interpolation, et la démonstration que nous avons précédemment faite à cet égard conserve toute sa force.

Cette première question est épuisée. Nous croyons avoir prouvé que notre conviction de la falsification du Manuscrit repose sur des bases inébranlables. Notre thèse se justifie par tous les faits, par tous les documents, par toutes les circonstances de la cause.

La sincérité du Manuscrit est au contraire de tous points inexplicable.

La vérité est avec nous, et avec elle la logique et la vraisemblance ; tandis que, dans l'autre système, il faut nécessairement choisir entre une *fatalité miraculeuse*, ou une intention coupable. Les antécédents de M. Théodore Crétu, celui des administrateurs qui a poursuivi contre nous le premier procès, qui a été le dépositaire du Manuscrit depuis l'assemblée du 22 juin jusqu'à la remise faite à M. de Marizy, permettent-ils à un homme raisonnable de croire à cette *fatalité miraculeuse ?*

DEUXIÈME QUESTION.

La falsification dont nous venons de constater l'existence a-t-elle été préjudiciable à M. Lézat de Pons ?

L'affirmative ne nous paraît pas douteuse.

Le préjudice que cette falsification a causé à M. Lézat de Pons est considérable ; il est aisé de l'établir.

Ce préjudice résulte d'abord, d'une manière directe, de la falsification elle-même, indépendamment de la demande reconventionnelle qu'elle avait pour but principal de préparer.

Le Rapport non falsifié, en reproduisant tous les chiffres de M. Lézat de Pons, en approuvant complétement toutes les dépenses qu'il avait pu faire à l'occasion des deux services dont la direction lui avait été confiée, en rendant ainsi un hommage mérité à son exactitude, à sa régularité, non moins qu'à son zèle, devenait pour lui une preuve précieuse de l'accomplissement de tous ses devoirs, dans les fonctions diverses qu'il avait remplies auprès de l'Administration du chemin de fer de Dieppe ; il constituait tout à la fois, pour M. Lézat de Pons, un témoignage solennel de satisfaction et de haute confiance. Le Rapport falsifié le privait de tous ces avantages ; il ne se bornait pas à lui enlever l'approbation qu'il avait obtenue, il donnait, dans la réalité, à ses assertions, un démenti positif, et la conséquence logique et rigoureuse de ce démenti, c'était, d'un côté, que M. Lézat de Pons avait dissimulé des paiements effectués ; de l'autre, qu'il avait simulé des dépenses fictives et des paiements imaginaires.

Ce préjudice résulte ensuite d'une manière plus saisissante encore de ce que cette falsification a permis, a rendu possible la demande reconventionnelle en vue de laquelle elle avait été combinée.

Quelle eût été, en effet, la situation de M. Lézat de Pons, dans son premier procès contre la Compagnie, en face de cette demande reconventionnelle, si le Rapport du 20 juin 1848 n'avait pas été altéré ?

Il aurait été incontestablement fondé à dire : Le compte qu'on me demande, il a été rendu, il a été examiné et approuvé d'abord par une Commission spéciale, puis définitivement approuvé par l'Assemblée générale des actionnaires. Il aurait été fondé à le dire, car l'*identité* des chiffres du Rapport de la Commission avec ceux de son travail personnel en était l'approbation positive et formelle. En ce qui concerne, par exemple, les articles de dépenses qui ont été devant le Tribunal et devant la Cour l'objet de contestations si acharnées, si fâcheuses en définitive pour le consultant, comment eût-il été possible de soulever ces contestations, si en montrant le Rapport de la Commission, M. Lézat de Pons avait pu s'écrier : Voici l'article de ce Rapport où figurent ces dépenses; les chiffres sont les miens; ils ont été votés; ils ont été approuvés.

Le Rapport non altéré constituait donc pour la demande reconventionnelle une véritable *impossibilité*: elle créait contre cette demande, au profit du Consultant, ou une fin de non-recevoir, ou *une défense invincible.*

Le but, le résultat de la falsification de ce Rapport a été de faire disparaître cette fin de non-recevoir. M. Lézat de Pons n'a plus eu la possibilité d'invoquer une *identité* de chiffres que la fraude avait fait disparaître. S'il a pu encore, fort de la vérité, se risquer à soutenir que les comptes qu'on lui redemandait avaient été rendus et approuvés, sa prétention est demeurée à l'état d'allégation vraisemblable, et la preuve qu'on lui avait intentionnellement enlevée lui a fait défaut.

Le préjudice causé à M. Lézat de Pons par la demande reconventionnelle du 18 juillet 1849 est donc la conséquence de la falsification du Rapport du 20 juin.

Ce préjudice a une triple nature : il est moral, matériel, professionnel.

Cette demande reconventionnelle a d'abord porté à la considération de M. Lézat de Pons l'atteinte la plus sérieuse et la plus grave. Elle l'a présenté comme un comptable négligent, inexact, infidèle: sa délicatesse, sa moralité, son honneur, ont été ainsi cruellement attaqués. Est-il une autre injure qui puisse être pour un homme de cœur plus sensible et plus douloureuse ?

Le tort matériel éprouvé par M. Lézat de Pons, par suite de cette demande, n'est pas moins évident. Le Consultant avait déposé et remis à la Compagnie, à l'appui du compte-rendu de ses services, des pièces justificatives dont le nombre s'élevait à plus de 1,300. Il a fallu que, privé de ces pièces, il reconstituât les comptes qu'il avait présentés, qu'il se livrât, pour y parvenir, à des correspondances, des démarches, des recherches, des soins de toute nature; qu'il supportât les frais nombreux entraînés par ses investigations; qu'il composât, qu'il fît imprimer de volumineux et minutieux documents; qu'il employât à la confection de tous ces travaux des années entières; qu'il renonçât, pendant qu'il s'en occupait, à l'exercice utile de sa profession. Les preuves de tous ces travaux, qui passeront sous les yeux de la Cour, sont l'attestation irrécusable du tort matériel que nous signalons ici à son attention.

Mais le préjudice le plus cruel, nous pouvons dire avec vérité, le plus incalculable qu'ait causé à M. Lézat de Pons la demande reconventionnelle dirigée contre lui, c'est celui qui l'a atteint dans sa profession.

M. Lézat de Pons est avocat. Vainement avant d'accepter les fonctions par lui remplies dans la Compagnie du chemin de fer de Dieppe, avait-il demandé l'avis et l'approbation des chefs de son ordre ; vainement avait-il poussé le respect des traditions du barreau de Paris jusqu'au scrupule. Le résultat de l'action intentée contre lui par la Compagnie fut, comme nous l'avons vu déjà, de le faire considérer comme un *comptable*, comme un *mandataire*, de le mettre en opposition apparente avec les traditions, avec les règles du barreau dont il était membre. C'est surtout à cette action déloyale que M. Lézat de Pons doit en définitive les poursuites disciplinaires dont il a été l'objet, et l'avertissement qui l'a frappé (1).

Ce préjudice professionnel, déjà si grave en lui-même, a été très-notablement aggravé par cette circonstance, que M. Lézat de Pons avait appliqué d'une manière plus spéciale l'exercice de sa profession, à la direction du Contentieux des compagnies industrielles.

Le procès qu'il a été obligé de soutenir pendant plusieurs années contre la Compagnie de Dieppe, la nature de ce procès et des accusations qu'on y dirigeait contre lui, n'ont pas pu manquer d'empêcher d'autres compagnies de chemins de fer d'avoir recours à ses services et de lui offrir une position analogue à celle qu'il avait occupée dans l'administration de Dieppe.

M. Lézat de Pons s'est donc trouvé ainsi profondément atteint dans sa double situation professionnelle. Qui pourrait évaluer le chiffre exact du dommage qui lui a été en cela causé ?

Le rejet successivement prononcé par le Tribunal et par la Cour de la demande reconventionnelle de la Compagnie, n'a fait disparaître, n'a fait cesser aucun de ces préjudices.

M. Lézat de Pons, parce qu'il n'a pas subi les condamnations qu'on avait tenté de lui attirer, n'est pas pour cela rentré dans les dépenses que la nécessité de sa défense lui avait imposées ; il n'a pas retrouvé son cabinet perdu ; la blessure morale qu'il avait reçue n'a pas été guérie.

Ces préjudices existent toujours. M. Lézat de Pons est fondé à en obtenir la tardive réparation.

TROISIÈME QUESTION.

Les demandes de M. Lézat de Pons sont-elles recevables ?

Pour qu'elles ne le fussent point, il faudrait qu'il eût été déjà statué sur ces demandes, ou

---

(1) L'arrêté disciplinaire pris contre M. Lézat de Pons, qui rend d'ailleurs un hommage mérité à sa parfaite loyauté dans ses rapports avec la Compagnie, contient en effet le considérant suivant :

« Considérant, dans le cas particulier, qu'à la vérité M. Lézat de Pons n'a point agi comme mandataire ; mais que » cependant son zèle pour l'intérêt de la Compagnie l'a parfois entraîné à certaines négociations et même à une sorte » de *comptabilité* qui s'éloignaient du ministère de l'avocat. »

Et ce fut presque exclusivement sur ce considérant que furent basées plus tard les conclusions de M. l'avocat général Sevin, tendant à faire rejeter le pourvoi que M. Lézat de Pons avait cru devoir former contre cette décision de ses confrères, non pas pour protester contre la règle très-sage qui, dans les cas ordinaires, défend à l'avocat de réclamer ses honoraires en justice, mais pour faire décider ce qu'il avait toujours cru très-fermement, qu'il se trouvait dans un cas tout à fait exceptionnel auquel la règle ne pouvait s'appliquer sans une trop grande rigueur.

qu'elles se trouvassent aujourd'hui frappées de déchéance pour n'avoir pas été formées dans le cours du premier procès.

Aucune de ces deux propositions ne serait ni vraie ni soutenable ; aucune n'a été, du reste, consacrée par le jugement dont est appel, ni proposée en première instance par les adversaires.

Mais il en est deux autres que les premiers juges ont adoptées et qui forment la base de leur jugement.

1° Le jugement pose ce principe, que le Rapport du 20 juin n'était qu'un élément d'un travail intérieur d'administration dans lequel personne n'avait le droit de s'immiscer ; que ce Rapport ne constituait ni un titre ni une pièce de procès ; et il en tire la conséquence que Lézat de Pons était sans qualité pour se plaindre de l'altération qui aurait été pratiquée sur ce Rapport, dans le cas où elle serait démontrée.

C'est là, à nos yeux, une erreur non douteuse. Le Rapport dont s'agit était destiné à préparer les résolutions et les votes des actionnaires réunis ; il se liait intimement aux décisions de l'assemblée du 22 juin, il constatait même ces décisions, puisqu'il était établi par le procès-verbal de cette assemblée, qu'elle avait voté toutes les propositions du Rapport ; il était, comme nos adversaires l'ont écrit dans leurs conclusions, ***la Minute des délibérations de l'assemblée générale du 22 juin.***

En altérant ce Rapport, on altérait dans la réalité la délibération prise par les actionnaires réunis.

Quel avait été, en ce qui concerne M. Lézat de Pons, le résultat de cette délibération ? l'approbation des comptes et des dépenses de ses deux services.

Comment cette approbation, faite par ceux qui avaient incontestablement et seuls le droit de l'accorder valablement, pouvait-elle être, plus tard, frauduleusement enlevée par le Conseil d'administration, c'est-à-dire par les *mandataires* de ceux qui l'avaient donnée ?

Comment des administrateurs, dont la conduite avait été *jugée* dans cette assemblée, auraient-ils pu réformer, à l'égard de qui que ce soit, le jugement de leurs propres juges ?

Il ne s'agit pas de savoir si cette délibération constituait pour M. Lézat de Pons un titre proprement dit, comme eût été une décharge notariée ; nous n'avons pas même à nous demander s'il aurait dépendu des actionnaires réunis dans une autre assemblée générale, de revenir sur l'approbation déjà votée et de la détruire. Ce qu'il faut savoir, c'est, dans le cas où le Rapport n'aurait pas été altéré, s'il ne suffisait pas à M. Lézat de Pons de le produire pour anéantir la demande reconventionnelle. S'il en est ainsi, et cela ne peut être douteux, il importe peu que le Rapport constituât ou non, un titre, une pièce de procès ; c'est assez qu'il produisît pour M. Lézat de Pons un avantage, une conséquence utile, et que son altération l'ait privé de cet avantage

M. Lézat de Pons, contre lequel a été dirigée l'altération de ce Rapport et qui en a été victime, a incontestablement qualité pour demander la réparation du préjudice que cette altération lui a fait souffrir.

2° L'autre erreur dans laquelle sont tombés les premiers juges, est d'une réfutation facile. Suivant eux, ce ne serait pas contre le Manuscrit, mais contre le Rapport imprimé, que

M. Lézat de Pons devrait faire porter ses attaques. Les motifs qu'ils en donnent, c'est que, dans son état actuel, le Manuscrit est entièrement conforme au Rapport imprimé de la Commission et que ce Rapport imprimé n'a pas été désavoué par elle.

Cette seconde fin de non-recevoir ne supporte pas le plus léger examen.

En fait, la demande de M. Lézat est simultanément dirigée contre le Manuscrit et contre les imprimés; le même vice les infecte à un égal degré; il n'y a entre eux qu'une seule différence, c'est que l'altération du Manuscrit a nécessairement précédé celle de l'imprimé, qui n'est que la reproduction littérale du Manuscrit altéré.

Ceux de MM. les Membres de la Commission qui ont déclaré à M. Lézat de Pons, ou à ses amis, qu'ils avaient entendu approuver ses chiffres, ses dépenses et ses comptes, n'ont-ils pas par cela seul désavoué le Rapport, qui donne un démenti à ces comptes et à ces chiffres? Nous pourrions raisonnablement le soutenir, mais il n'y a certes aucun danger pour M. Lézat de Pons à se placer dans l'hypothèse où ce désaveu n'existerait pas. Comment le non-désaveu de MM. les Commissaires pourrait-il détruire ou diminuer la preuve de la falsification que nous avons déjà faite?

Il y a plus, il ne dépendrait pas aujourd'hui des Commissaires de ratifier, d'approuver au préjudice de M. Lézat de Pons, les altérations commises sur leur Rapport. Ce Rapport, antérieurement à son altération, avait créé pour le consultant un droit acquis au-dessus de toute atteinte ultérieure.

Ce Rapport, ainsi que nous l'avons déjà démontré, se confond avec la délibération de l'Assemblée générale; l'œuvre de cette assemblée n'est évidemment pas susceptible d'être modifié par des Commissaires dont le pouvoir, purement préparatoire, expirait au moment où les délibérations de cette assemblée étaient prises.

QUATRIÈME QUESTION.

Les demandes sont-elles fondées?

Nous venons de prouver que les demandes de M. Lézat de Pons sont recevables.

Etablissons maintenant qu'elles sont fondées. Elles le sont certainement, s'il est vrai que la falsification invoquée par M. Lézat existe et qu'elle ait le caractère préjudiciable que nous lui avons reconnu.

Quelle difficulté pourrait s'élever pour la demande en Dommages-intérêts du moment que le préjudice est reconnu? Leur évaluation seule serait susceptible d'en faire naître, et ils ne sont demandés que *par état*.

La suppression des imprimés, la rectification du Manuscrit, ne peuvent non plus, par les mêmes motifs, être refusés. Cette suppression et cette rectification sont en effet le seul moyen de faire cesser plusieurs des préjudices signalés par le consultant.

Nous avons successivement examiné toutes les questions que nous a paru soulever l'appel interjeté par M. Lézat de Pons contre le jugement obtenu par la Compagnie du chemin de fer de Dieppe.

La solution que nous avons donnée à ces questions nous a dispensé de rechercher le mérite de la disposition du jugement du 12 janvier qui a prononcé la *suppression* d'un écrit du consultant. Il est bien évident, en effet, que si la falsification est reconnue, on ne peut faire un tort à M. Lézat de Pons des termes dans lesquels il l'a justement caractérisée. Il faut d'ailleurs reconnaître que ces termes sont modérés; qu'ils indiquent, avec une remarquable précision, le véritable objet du procès qui s'agite entre les parties, et ne sont que la reproduction abrégée de toutes les énonciations de l'exploit introductif d'instance.

Nous n'avons pas cru davantage devoir réfuter d'une manière distincte les motifs de ce jugement dans lesquels M. Lézat de Pons est accusé d'avoir manqué à une promesse qu'il aurait faite à M. de Marizy. Cette incrimination ne repose que sur une erreur de fait; nous l'avons suffisamment rectifiée à la page 10 de l'Exposé.

Un dernier mot en terminant :

Si la falsification ne paraissait pas, dès à présent, certaine à la Cour, il y aurait tout au moins lieu d'ordonner et d'admettre la preuve de cette falsification ; des conclusions additionnelles devront être prises dans ce sens par le consultant. Il faudra dans ces conclusions rappeler les préliminaires de la procédure en *inscription de faux* commencée devant les premiers juges, et, pour le cas où la Cour, faute de justification suffisante, n'admettrait pas *de plano* en conformité des art. 215, 216 et 217 du Code de procédure civile, les demandes de M. Lézat de Pons, déclarer en son nom qu'il entend *s'inscrire en faux* contre la pièce déposée au greffe du tribunal civil de la Seine, et demander l'application des dispositions de l'art. 232 du même Code. Il faudra, en outre, que cette déclaration éventuelle d'*inscription de faux* soit réitérée au greffe de la Cour par un acte signé de M. Lézat de Pons lui-même.

Résumons-nous en formulant, comme l'expression de l'opinion que nous avons puisée, dans l'examen attentif et consciencieux des pièces du procès, les propositions suivantes :

La falsification prétendue par M. Lézat de Pons est dès à présent démontrée.

Cette falsification lui a été préjudiciable ;

Ses diverses demandes sont recevables et fondées.

Si la falsification n'était pas dès à présent certaine, M. Lézat de Pons devrait être admis à la prouver par les voies de droit.

Délibéré à Paris, le 20 juillet 1853.

F. DU MIRAL,

Avocat à la Cour Impériale de Paris.

ADHÉSION

DE

M. DUVERGIER

ANCIEN BATONNIER.

Le soussigné adhère à la consultation ci-dessus.

L'altération du Rapport du 20 juin 1848, quelle que soit la qualification qu'elle mérite, est un fait incontestable.

Il n'est besoin pour la démontrer d'aucune preuve nouvelle; la production de la pièce est la meilleure de toutes.

Quelle a été l'intention et quel a été le but de cette altération? Il est impossible de se méprendre sur l'une et sur l'autre.

L'auteur ou les auteurs des changements ont certainement voulu faire disparaître l'*identité* de chiffres entre le Rapport de la Commission et le Rapport de M. Lézat de Pons, et ils l'ont voulu. afin d'enlever à celui-ci les avantages, les résultats utiles que lui procurait cette identité.

Ils ont réussi; ils ont placé M. Lézat de Pons dans une position qui est exposée de la manière la plus claire et la plus convaincante dans la Consultation ci-dessus; ils lui ont causé les différentes espèces de préjudice que la Consultation indique également et justifie si péremptoirement.

Le jugement du Tribunal de première instance n'a pas nié l'altération; il a seulement cherché à établir que le Rapport altéré n'était pas un titre pour M. Lézat, et que ce n'était pas contre le Manuscrit, mais contre l'imprimé, que M. Lézat aurait dû diriger ses attaques.

Ces arguments ne peuvent justifier la sentence des premiers juges.

C'est à dessein que le soussigné a évité de caractériser le fait de l'altération, quoique sa conviction soit bien formée à cet égard; il estime que, quelle que soit la qualification légale qui doive être employée, quel que soit l'acte, manuscrit ou imprimé, qui ait été l'objet de l'altération, il y a un fait constant, c'est qu'une situation claire, utile, honorable, a été changée par des manœuvres coupables, ou au moins déloyales.

Cela suffit pour autoriser M. Lézat de Pons à se plaindre et à demander à être indemnisé du dommage considérable et incontestable qu'il a éprouvé.

Le préjudice matériel est certainement celui auquel M. Lézat de Pons est le moins sensible; avec une caractère aussi élevé que le sien, on comprend qu'il demande surtout à la justice la réparation du préjudice moral qui lui a été causé.

Délibéré à Paris, le 27 juillet 1853.

J.-M. DUVERGIER,
Ancien bâtonnier.

CONCLUSIONS ADDITIONNELLES

POUR

M. LÉZAT DE PONS, *Avocat à la Cour impériale de Paris, appelant ;*

LAMAILLE.

CONTRE

1° L'Administration des Chemins de fer de Dieppe et de Fécamp, intimée ;

DEROULÈDE.

2° M. Bailleux de Marizy, intimé.

CHENUT.

Plaise à la Cour,

En ce qui touche les fins de non-recevoir accueillies par le jugement dont est appel :

Attendu que les premiers Juges, sans rechercher en fait si la falsification qui sert de base à la demande de M. Lézat de Pons était ou non constante, ont mal à propos rejeté cette demande, par le motif que l'Administration des chemins de fer de Dieppe et de Fécamp avait le droit de changer à sa volonté le Rapport dont la falsification est signalée, sans que Lézat de Pons eût qualité pour s'y opposer ;

Attendu que ce Rapport, œuvre d'une Commission spéciale, nommée dans l'Assemblée générale du 29 avril 1848, pour vérifier tous les comptes de la Compagnie depuis son origine, avait été lu et adopté en entier dans une autre Assemblée générale du 22 juin suivant ; qu'il contenait l'approbation des comptes des deux services dont M. Lézat de Pons avait été chargé ; qu'il est conséquemment inadmissible que le Conseil d'Administration de la Compagnie ait pu arbitrairement modifier ou détruire l'approbation qu'avaient successivement reçue les comptes des services de l'appelant, de la part de la Commission spéciale et de celle des Actionnaires réunis ;

Attendu qu'il n'y a pas à s'arrêter davantage à cette autre proposition du Jugement du 12 janvier, qui, pour repousser la demande du Concluant, se fonde : 1° sur ce qu'elle n'est pas dirigée contre le Rapport imprimé ; 2° sur ce que le Rapport imprimé n'a pas été désavoué par les Membres de la Commission ;

Que le premier de ces motifs ne repose que sur une erreur de fait, et qu'il suffit de lire l'exploit introductif d'instance du 14 février 1852, pour reconnaître qu'il porte tout à la fois sur le Manuscrit et sur les Imprimés ;

Que le second a déjà été implicitement réfuté par les considérants qui précèdent, et ne résiste pas d'ailleurs au plus léger examen ;

Au fond,

Attendu qu'il est établi par des preuves positives, matérielles et morales, directes et indirectes, ainsi que par un concours de circonstances et de faits exclusifs de toute incertitude, que le Rapport dont s'agit a été falsifié ;

Que cette falsification, postérieure à l'Assemblée générale du 22 juin, a eu pour but d'enlever au Concluant le bénéfice de l'approbation que les comptes de ses deux services avaient reçue dans cette Assemblée, et de rendre possible la demande reconventionnelle intentée contre lui le 18 juillet 1849 ;

Attendu que cette falsification, et la demande reconventionnelle qui en a été la conséquence, ont causé à M. Lézat de Pons, dans son honneur, dans sa fortune, dans sa profession, de graves et nombreux préjudices;

Attendu que le Concluant est fondé à obtenir la réparation entière et complète de ces préjudices divers ; qu'il l'est également à obtenir, *de plano,* la reconnaissance de la falsification dont il se plaint, la rectification du Manuscrit qui la renferme, et la suppression des imprimés au moyen desquels elle a été reproduite et propagée ;

Attendu, en effet, qu'après s'être fait réserve de s'inscrire en faux, s'il y avait lieu, dans son exploit introductif du 14 février 1852, le Concluant a, par acte du 20 mars suivant, conformément à l'art. 215 du Code de procédure civile, fait sommation à l'Administration d'avoir à déclarer si elle entendait se servir du Manuscrit déposé au greffe ; que l'Administration ayant gardé le silence sur cette sommation, il lui a fait donner, le 10 avril suivant, un avenir pour voir prononcer le rejet de la pièce incriminée, conformément à l'art. 217 du même Code; qu'enfin, le 14 du même mois, il a pris des conclusions pour demander le rejet de cette pièce et l'adjudication des diverses demandes portées dans son exploit introductif d'instance ;

Que, dans cette situation, et à la suite de cette procédure, il n'est nullement nécessaire que le Concluant forme, d'une manière plus explicite et plus expresse, une inscription de faux, dont le dispense, aux termes de l'art. 217 ci-dessus cité, le silence de sa partie adverse, après l'exécution des prescriptions de l'art. 215 ;

Qu'il suffit, pour qu'il obtienne de la Justice l'adjudication de ses demandes, qu'elles paraissent, dès à présent, justes et vérifiées ;

Qu'il est d'ailleurs reconnu par une jurisprudence constante : 1° qu'une pièce peut être déclarée fausse, sans recourir à l'inscription de faux, lorsque la preuve du faux est déjà complétement acquise (Toulouse, 15 messidor an XII, C. N., 1. — 18 août 1813, rejet, Sirey, 14-1-40. — 23 août 1836, D. p., 37-1-141. — 10 avril 1838, D. p., 38-1-219);

2° Que l'inscription de faux peut être introduite, par action principale, dans le cas où elle est jointe à une demande en dommages-intérêt (Voir notamment l'arrêt de la Cour de cassation du 25 juin 1845. D. p. 45-1-325);

Subsidiairement,

Pour le cas où la falsification du Manuscrit ne paraîtrait pas à la Cour complétement démontré dès à présent,

Attendu que, le Concluant déclare formellement par ces présentes, s'inscrire en faux contre le Manuscrit déposé, et que cette inscription a été déjà faite au greffe de la Cour, par acte du 25 juillet 1853, conformément à l'art. 218 du Code de procédure civile;

Attendu que, pour plus de célérité, il entend consigner ici les faits, circonstances et preuves par lesquels il entend établir la falsification, ainsi que le prescrit l'art. 229 du Code de procédure civile;

Que les principales de ces circonstances sont les suivantes :

1° L'altération matérielle du Manuscrit, dans les parties qui intéressent M. Lézat de Pons, aux feuillets 21, 22 et 44;

2° La substitution des chiffres de ce Manuscrit écrits sur ratures, sur surcharges, ou par suite d'interpolations, aux chiffres de M. Lézat de Pons;

3° La reproduction au feuillet 41 sur une rature, du nombre 186,519 fr. 40 c. déjà écrit sur une autre rature au feuillet 21;

4° L'enchaînement et la concordance des altérations;

5° La circonstance que l'écriture superposée aux divers grattages du Manuscrit est d'une seule et même main, tandis que le Manuscrit a été copié par deux mains différentes;

6° L'exactitude des chiffres raturés et remplacés;

7° L'inexactitude des chiffres substitués, et des explications à l'aide desquelles on veut établir leur sincérité;

8° L'impression incomplète du Rapport en juillet 1848, et l'omission, dans cette impression partielle, des pages et chiffres relatifs à M. Lézat de Pons;

9° L'impression totale du Rapport altéré en 1849, et les efforts de M. Crétu pour faire donner à cette dernière impression le ***faux millésime*** de **1848**;

10° L'approbation des Comptes de M. Lézat de Pons, par les Commissaires d'abord, et par l'Assemblée des actionnaires ensuite;

11° La signature du Manuscrit par les Commissaires, postérieurement à l'Assemblée générale du 22 juin;

12° La possession par M. Théodore Crétu du Manuscrit incriminé, depuis le 22 juin 1848, jusqu'au 10 novembre 1849, et les poursuites *en Faux* dirigées contre le même M. Crétu, alors qu'il était administrateur du théâtre des Variétés;

Que les inductions à tirer de ces diverses circonstances sont de plus désignées et développées dans une Consultation qui s'imprime en ce moment et qui sera incessamment distribuée;

Qu'il est évident que ces divers moyens sont pertinents et admissibles, et qu'aux termes de l'art. 232 du Code de procédure civile, la preuve doit en être ordonnée;

Plus subsidiairement,

Pour le cas où, par impossible, par un motif ou par un autre, la Cour arriverait à penser que la cause actuelle ne comporte pas la procédure spéciale de *l'inscription de faux*, telle qu'elle est organisée au titre XI du livre 2ᵉ du Code de procédure civile, et doit être soumise aux formes ordinaires du droit commun :

Attendu qu'il est incontestable que le Concluant serait fondé à faire reconnaître et constater, même en dehors de la voie de l'inscription de faux, la falsification qui lui a causé le préjudice dont il demande la réparation;

Qu'il existerait les indices les plus graves de cette falsification; que le concluant offre de la prouver, au besoin, tant par titres que par témoins et par experts, et qu'il devrait, sans difficulté, être admis à faire cette preuve;

Par ces motifs et autres à suppléer, mettre l'appellation et le jugement dont est appel au néant; émendant, décharger l'appelant des dispositions et condamnations contre lui portées audit jugement; et statuant au principal, adjuger à l'appelant les conclusions par lui prises en première instance;

Ordonner la restitution de l'amende; condamner les intimés aux dépens des causes principales de première instance et d'appel;

Subsidiairement,

Donner acte à l'appelant de l'inscription de faux formée par lui contre le Manuscrit déposé au greffe du Tribunal civil de la Seine; ordonner le dépôt de ce Manuscrit au greffe de la Cour; et admettre la preuve des moyens de faux consignés dans les présentes conclusions;

Plus subsidiairement,

Admettre l'appelant à prouver, tant par titres que par témoins et par experts, la falsification du Manuscrit incriminé.

Et ce sera justice. LAMAILLE.

PARIS. — IMPRIMERIE CENTRALE DE NAPOLÉON CHAIX ET Cᵉ, RUE BERGÈRE, 20.

PIÈCES

JUSTIFICATIVES.

PIÈCES JUSTIFICATIVES.

PROCÈS-VERBAL de l'huissier **Binet**, *du* 11 *novembre* 1849.

L'an mil huit cent quarante-neuf, le 11 novembre, à dix heures et demie du soir,

A la requête :

1° De M. Jean-Paul-Hippolyte **Lézat de Pons,** avocat à la Cour d'appel, demeurant à Paris, cité Odiot, faubourg du Roule ;

2° De M. Alexandre **Cornac,** rentier, demeurant à Paris, rue Taranne, n° 3 ;

J'ai, Thomas-Dominique **Binet,** huissier près le tribunal civil de la Seine, séant à Paris, y demeurant, rue du Sentier, soussigné,

Constaté les dires et les faits suivants :

M. **Lézat de Pons,** mondit sieur premier requérant, déclare :

Qu'il avait fait demander, à plusieurs reprises, à M. **Bailleux de Marizy,** propriétaire, demeurant à Paris, rue de Berlin, n° 14, *copie certifiée* d'un Rapport fait et lu par lui à l'Assemblée générale des actionnaires de la Compagnie du chemin de fer de Dieppe, du vingt-deux juin mil huit cent quarante-huit ; ledit Rapport contenant une appréciation détaillée de ses réclamations, de ses assertions et de ses travaux, et devant, à ce titre, lui être officiellement communiqué ;

Que M. **Bailleux de Marizy** lui ayant répondu une première fois qu'il allait réclamer ce Rapport, de M. **Crétu,** qui, en sa qualité d'**Administrateur-Secrétaire** de la Compagnie de Dieppe, en était dépositaire ; et, plus tard, que ledit Rapport, *lu en Assemblée publique,* venait de lui être apporté par M. **Crétu,** et pouvait être mis à sa disposition, mondit sieur premier requérant avait prié, dans la soirée de ce jour, M. Alexandre **Cornac** de se présenter en son nom chez M. **Bailleux de Marizy,** avec une lettre de lui, informant ce dernier que son intention n'était pas de se faire délivrer *la pièce même* qu'avait apportée M. **Crétu,** mais seulement d'en obtenir *une reproduction fidèle*, sous la surveillance et la responsabilité de M. **Bailleux de Marizy** ;

Que, nonobstant cette déclaration, M. **Bailleux de Marizy** avait invité M. **Cornac** à prendre et à remettre à lui, M. **Lézat de Pons,** requérant, ladite pièce, telle qu'il l'avait reçue de M. **Crétu ;**

Que, pendant cette visite de M. **Cornac** chez M. **Bailleux de Marizy,** il était, lui, mondit sieur premier requérant, dans l'établissement de bains de M. Brielle, Grande-Rue-Verte, n° 30 ;

Qu'il n'est sorti de cet établissement que vers sept heures un quart, et n'est rentré qu'à sept heures et demie, de sa pendule, dans sa maison, où l'attendait déjà M. **Cornac,** pour lui rendre compte de son entretien avec M. Bailleux de Marizy ;

Qu'immédiatement, et sans prendre plus de temps que le temps nécessaire pour changer d'habit, il s'est mis à table avec M. **Cornac,** qui a bien voulu lui rendre ce compte en dînant, et lui permettre de jeter, tout en parlant, les yeux sur les parties du Rapport qui l'intéressaient le plus ;

Qu'à la première vue de la première page qui s'est offerte à lui, il a reconnu les traces évidentes de nombreuses et importantes *altérations* de l'écriture primitive ;

Que, vivement ému de cette découverte, il a parcouru rapidement le Rapport tout entier, et s'est convaincu que tous les chiffres qui pouvaient avoir une autorité décisive dans la contestation actuellement pendante entre lui et MM. **Crétu** et consorts, avaient été altérés à son préjudice ; que des phrases même tout entières avaient été grattées et supprimées ;

Que ce Rapport, se trouvant signé et paraphé à toutes les pages par quatre personnes, et ne contenant aucune approbation de ses chiffres ainsi modifiés, non plus que des lignes ni des mots raturés, mondit sieur premier requérant ne pouvait, sans encourir la responsabilité la plus grave, omettre de faire constater, par tous les moyens possibles en un pareil jour et à une pareille heure, l'état matériel où se trouvaient, au moment même où il les avait reçues, toutes les pages du Rapport qui lui avait été apporté contre sa demande ;

Qu'il s'était donc empressé de faire reconnaître, tant par **M. Cornac** lui-même, que par Mlle Sophie Regnault, sa dame de confiance, seules personnes alors chez lui, les diverses *altérations* et *suppressions* qu'un rapide examen lui avait déjà fait découvrir ;

Qu'immédiatement après le dîner, il a prié **M. Cornac** de se rendre avec lui chez un notaire, par qui, dans le premier moment, il croyait pouvoir faire établir authentiquement ces faits ;

Que mesdits sieurs requérants sont en effet arrivés ensemble chez **Me Gossart**, notaire, rue de Richelieu, n° 27, [illegible] quart ; — que celui-ci étant absent, ils sont allés le demander chez son cousin, [illegible], rue des Fossés Saint-Germain-l'Auxerrois, n° 20, où ils l'ont en effet trouvé vers neuf heures vingt-cinq minutes ; — mais que **Me Gossart**, ayant pensé qu'une constatation de cette nature entrait [illegible] huissier [illegible] et s'étant offert pour accompagner mesdits [illegible] l'effet d'y faire procéder à cette constatation, mondit sieur **Lézat de** [illegible] me requiert de dresser, ce soir même, *vu l'urgence* [illegible] de son dire, que de l'état matériel de toutes les parties de la pièce, qui m'est à l'instant [illegible], et que mesdits sieurs requérants déclarent vouloir laisser ainsi déposée en mes mains [illegible] de droit.

[illegible] Alexandre **Cornac**, deuxième requérant, déclare :

[illegible] l'exacte vérité ;

Que, sorti de chez **M. Bailleux de Marizy**, rue de Berlin, n° 14, vers six heures et un quart du soir, il [illegible] minutes ;

Que [illegible] de ce dernier, qui a eu lieu vers sept heures et demie de sa pendule, il s'est constamment entretenu avec Mlle Regnault, qui ne l'a pas un instant quitté ;

Que, depuis le moment où la pièce qu'il me dépose lui a été remise par **M. Bailleux de Marizy** jusqu'au moment [illegible] soit dans ses mains, soit sous ses yeux ; — que, ni lui, ni personne n'y a fait, ni n'a pu y faire la plus légère altération ; — que, par conséquent, toutes les modifications dont elle peut avoir été l'objet et présenter la trace, est nécessairement antérieure à la remise qui lui en a été faite par **M. Bailleux de Marizy** ; — qu'il comprend, aux mesures de prudence prises par **M. Lézat de Pons**, et au refus fait par lui de se charger un seul instant d'une pièce qui est restée quinze mois à la disposition de [illegible] **Crétu**, qu'il commettrait lui-même une imprudence, s'il faisait réintégrer cette pièce aux mains d'où elle est sortie, avant d'avoir fait prendre toutes les précautions que sa propre sécurité lui commande ;

Qu'en conséquence il me requiert de dresser procès-verbal de son dire et de l'état matériel de ladite pièce, et d'en accepter le dépôt à partir de ce moment et jusqu'à ce qu'il ait été décidé à cet égard ce que de droit.

Au moyen des dires et réquisitions qui précèdent, j'ai cru devoir accepter le dépôt du Rapport dont s'agit.

Ce document est écrit sur *soixante et une* feuilles de papier détachées ; — elles sont numérotées de une à soixante et une.

Il est signé, à la fin, de MM. **Ch. Séguin**, **G. Vuigner**, rapporteur de la Commission, **Bailleux de Marizy** et **Jn.-Bte. Fournier** ; — au bas de chaque page se trouvent quatre paraphes, toujours les mêmes.

Le Rapport est écrit par des mains différentes, et présente divers systèmes de pagination qui ne sont pas, à l'exception d'un seul, suivis d'un bout à l'autre.

Certaines pages ne sont pas remplies dans toute leur étendue.

Un grand nombre présentent des marques évidentes de *grattage*.

Des chiffres paraissent avoir été *surchargés*. Un grand nombre sont posés sur des endroits où le papier a été *altéré par le grattage*. — Tels sont :

Au recto du feuillet 21, les sept derniers chiffres du nombre **1,432,096 08**

Les sept derniers chiffres du nombre **217,677 84**

et tous ceux du nombre. **160,000 00**

Au recto du feuillet 23, les sept derniers chiffres du nombre 225,455 fr. 24 c.

Au verso du feuillet 44,

les sept premiers chiffres du nombre **186,519 44**

les sept derniers chiffres du nombre **227,019 53**

tous les chiffres du nombre 44,544 fr. 96 c.

tous les chiffres du nombre **2,023,625 13**

tous les chiffres du nombre **76,374 87**

tous les chiffres, moins les deux derniers zéros, du total. **2,100,000** 00

Des fractions de lignes et des lignes [illegible] avoir disparu sous le grattoir, notamment au feuillet 22, qui se termine par cet alinéa :

« Cette réclamation étant pendante devant le Conseil d'administration, et notre mission n'étant pas d'admi-
» nistrer, nous n'avons pas à émettre d'avis, » dont la fin paraît avoir disparu.

Entre autres altérations qu'un [illegible] a pu faire remarquer, au recto du feuillet 3, huit mots sont écrits sur un grattage, d'une encre différente, [illegible] main que le reste ; — au recto de la feuille 17, les mots *la première administration centrale* [illegible] grattage, et le mot *administration* est en abrégé ; — au recto de la page 44, cinq lignes, [illegible] différente, commençant par « on avait » et finissant par « M. Mackensie », sont également écrites sur un grattage.

Telles sont, en substance, les [illegible] que nous avons cru devoir faire, avant de nous charger du Rapport dont s'agit.

De tout ce qui précède, nous avons dressé le présent procès-verbal, pour servir et valoir ce que de droit.

Et les requérants ont signé avec nous, après lecture faite.

Coût : Dix francs, sauf déboursés.

Signé : **[illegible]**, ce dernier, huissier.

En marge est écrit :

Enregistré, à Paris, le treize novembre mil huit cent [illegible], numéro 2,257, reçu deux francs vingt centimes dixième compris.

Signé : **Le T[illegible]**

Il est ainsi en l'original dudit procès-verbal déposé pour minute à Me **Gossart,** notaire, à Paris, soussigné, suivant acte reçu par lui et son collègue, le vingt-six mai mil huit cent cinquante, enregistré.

Gossart.

CORRESPONDANCE.

M. le comte de Guernon-Ranville, à M. Lézat de Pons.

Paris, 4 août 1850.

Mon cher Monsieur,

Faites-nous donc le plaisir de nous bien fixer une bonne fois sur la nature de votre différend avec l'Administration du chemin de fer de Dieppe, afin que nous ne soyons plus exposés, mon cousin Edmond et moi, à nous voir repoussés avec perte, par une fin de non-recevoir désobligeante, quand nous voudrons vous proposer formellement à notre Conseil.

Notre affaire de l'Ouest va grand train, et nous savons quels services vous pourriez lui rendre, si vous étiez appelé à défendre ses intérêts dans les grandes opérations qui vont être entreprises.

Votre diable de procès, et surtout ces questions d'un compte que vous n'auriez pas voulu rendre, et de dépenses que vous auriez voulu faire malgré la défense expresse de vos Administrateurs, ne sont pas, il faut en convenir, de nature à inspirer à d'autres Administrateurs, qui ne vous connaissent pas, un grand désir de vous avoir pour collaborateur.

Pour eux donc, et pour eux seuls, assurément, nous vous demandons quelques explications qui nous mettent en mesure de répondre péremptoirement aux objections tirées de votre fâcheuse querelle avec votre ex-Compagnie,

Recevez, d'ailleurs, comme toujours, l'assurance de tout mon dévouement affectueux.

Comte de GUERNON-RANVILLE.

M. Lézat de Pons à M le Procureur général Baroche, ancien bâtonnier.

Monsieur le Procureur général,

Comme vous avez bien voulu m'y inviter, j'ai prié mon honorable conseil, M. Duvergier, de vous écrire la lettre ci-jointe, pour donner à votre bienveillance envers moi l'occasion d'attester un fait dont vous avez eu la bonté de ne pas perdre le souvenir, et qu'il me serait utile, en ce moment, de pouvoir bien constater.

L'année dernière, dans la première quinzaine de mars, vous avez bien voulu recevoir la confidence de mes anxiétés, en présence des graves abus que je croyais apercevoir dans l'Administration dont j'étais alors le conseil, et me tracer la conduite que j'avais à tenir, pour concilier les soins de ma responsabilité avec ceux que je pouvais devoir encore aux intérêts des actionnaires, mes clients.

Votre avis fut que je devais, d'une part, mener à fin les affaires qui auraient pu souffrir de ma retraite immédiate ; et, d'autre part, écrire au Conseil d'administration ma résolution de me séparer de lui, dans le cas où mes soupçons se changeraient en certitude.

Je continuai donc de donner mes soins aux affaires commencées, et j'adressai au Conseil plusieurs lettres qui le prévenaient de cette résolution, d'abord, par insinuation ; ensuite, très-formellement.

Je lui écrivis en effet, le 20 mars : « N'ayant jamais reculé devant l'accomplissement d'un devoir, quelles qu'en » dussent être les conséquences, je vous dirai nettement le résultat de mes recherches, sauf à prendre ensuite la » détermination que devra m'imposer ma conscience. » Le 26 du même mois, je lui écrivais encore « Si, par » ce qui me reste à faire, je trouvais que les choses fussent en réalité telles que j'ai cru les entrevoir ces derniers » jours, mon devoir et mon premier soin seraient de résigner, malgré tout mon regret, les fonctions que j'exerce » à côté de vous. »

Conséquemment à cette déclaration, et pour me conformer de tout point à vos honorables conseils, j'adressai, le 15 juin suivant, ma démission formelle à MM. les Administrateurs du chemin de fer de Dieppe, avec lesquels je n'ai plus voulu avoir depuis aucune espèce de rapport.

Pour le soin de mon honneur, bien plus assurément que dans tout autre intérêt, je prends donc la liberté de vous rappeler la promesse que vous avez bien voulu me faire derépondre, avec tous vos souvenirs et toute votre bonté pour moi, à la lettre qui vous serait écrite par M. Duvergier, dans le but d'obtenir la constatation d'un fait qui explique pourquoi j'ai consenti à prolonger de quelques mois ma présence dans une Admininistration que je ne croyais plus très-loyale.

Veuillez agréer toutes mes excuses, tous mes remercîments et la nouvelle assurance de l'affection respectueuse avec laquelle j'ai l'honneur d'être, Monsieur le Procureur général, votre très-humble et très-obéissant serviteur.

Paris, 4 avril 1849. LÉZAT DE PONS.

M. Duvergier, ancien bâtonnier, à M. Baroche, Procureur général et ancien bâtonnier.

Monsieur le Procureur général,

Vous avez été consulté, l'année dernière, en qualité de bâtonnier, par M. Lézat de Pons, notre confrère, sur la conduite qu'il devait tenir envers la Compagnie du chemin de fer de Dieppe, dont il était le conseil. Vous avez eu la bonté de l'éclairer par vos avis. Il m'assure qu'il les a exactement suivis. Il a aujourd'hui le plus grand intérêt à montrer qu'il n'a agi que d'après les sages conseils que vous avez bien voulu lui donner.

Je viens donc vous prier de me dire, afin que je puisse l'affirmer avec toute certitude, ce que vous avez cru convenable pour M. Lézat, lorsqu'il vous a consulté. Je le connais trop bien pour douter, un seul instant, de la parfaite sincérité de toutes ses paroles. Mais ce qui est inutile pour moi, peut être de la plus haute utilité pour d'autres.

Agréez, Monsieur le Procureur général, l'hommage de mes sentiments de dévouement et de respect.

3 avril 1849. DUVERGIER.

M. Duvergier, ancien bâtonnier, à M. Lézat de Pons.

Mon cher Confrère,

M. le Procureur général a conservé le souvenir de ce qui s'est passé entre vous et lui, et il m'a dit qu'en effet il vous avait donné les conseils dont parle la lettre que vous lui avez adressée.

Comme je vous l'ai dit, je n'avais pas besoin, pour moi, de cette déclaration ; car, je sais quelle est la délicatesse de vos sentiments, et la loyauté de votre caractère.

Recevez, mon cher Confrère, l'assurance de tout mon dévouement.

Mai 1849.

DUVERGIER.

M. Lézat de Pons à MM. les Administrateurs.

Paris, le 28 avril 1848.

Messieurs les Administrateurs,

Je regrette d'avoir été si longtemps privé des documents qui m'étaient indispensables pour vous adresser le Rapport et les états ci-joints, concernant les Acquisitions de terrains et le compte général du Contentieux.

Je n'ai pas tout à fait terminé le travail qui peut servir à établir ce que chacun de vous, et des autres actionnaires, vous pouvez devoir à la Compagnie pour défaut de versements, soit comme cédants solidaires, soit comme titulaires d'actions.

Avec vos cartes, vos livres à souches et vos registres, vous pouviez en apprendre sur ce point, en quelques jours, beaucoup plus que je ne pourrais vous en dire dans plusieurs mois.

Les calculs et les recherches de toute nature auxquels j'ai été obligé de me livrer, depuis que vous m'avez annoncé votre retour sur la résolution par vous prise d'abandonner définitivement toute poursuite, auraient été, comme je vous l'ai dit, extrêmement simplifiés, par le travail que j'avais fait commencer dans vos bureaux l'année dernière, et que vous avez fait cesser au bout de quelques jours.

Privé du résultat de ce travail, et sans aucune communication de celui que vous lui avez substitué, je n'ai pu arriver jusqu'ici, avec beaucoup de peine, qu'à des résultats très-incomplets.

Tels qu'ils sont, cependant, vous pourrez, par le compte-rendu que je m'occupe de vous en faire, mesurer toute l'étendue de la responsabilité qui résulte pour vous de votre mandat, et une partie des obligations auxquelles vous pouvez avoir à satisfaire envers la Compagnie.

Agréez, messieurs les Administrateurs, la nouvelle assurance de mes sentiments distingués.

Lézat de Pons.

M. Catala, employé sous les ordres de M. Crétu, à M. Lézat de Pons.

Paris, 11 mai 1848.

Monsieur,

En réponse à votre lettre de ce jour, je vous dirai que le dernier Rapport que vous m'avez chargé de remettre à M. Crétu, est entre ses mains depuis le jour où vous me l'avez laissé.

Si M. Crétu ne m'a pas encore rendu votre premier Rapport, où se trouvaient, m'avez-vous dit, quelques erreurs, c'est qu'il désire voir en quoi consistent les différences qui existent entre ces deux Rapports. Ses occupations ne lui ont pas encore permis de se livrer à cette vérification.

Voilà pourquoi je n'ai pas votre premier Rapport, et pourquoi je n'ai pu vous le rendre. Dès que je l'aurai, je me charge de vous le porter, ou de vous le faire parvenir sans le moindre retard.

Agréez, etc. Catala.

M. Lézat de Pons à MM. les Administrateurs des chemins de fer de Dieppe et de Fécamp.

Paris, 14 mai 1848.

Messieurs les Administrateurs,

Je me suis présenté hier à l'audience de la première Chambre de la Cour, pour y combattre l'appel interjeté par MM. Dellorier, Bureau-Rioffrey et Canilh, de l'Ordonnance de référé, du 4 novembre dernier, en vertu de laquelle vous aviez fait procéder, le même jour, à la vente de leurs actions en retard d'effectuer leurs versements.

L'affaire n'ayant pas été même appelée, il n'y a pas eu lieu de consentir ou de s'opposer, en votre nom, à la remise, qui devait être demandée par vos adversaires.

Il y a toute apparence que je serai placé dans cette alternative, samedi prochain. A moins que vous ne me donniez d'ici-là des instructions différentes, je m'en rapporterai, sur ce point, au bon plaisir de la Cour, afin que, d'une part, vous ne vous priviez pas vous-mêmes d'une éventualité avantageuse, et que, de l'autre, vous n'assumiez pas inutilement la responsabilité d'un refus d'où pourraient résulter de fâcheuses conséquences.

J'ai eu l'honneur de vous adresser, le 28 avril dernier, un compte-rendu général des Acquisitions de terrains, et plusieurs États à l'appui.

Pressé par le besoin que vous aviez de ce travail, pour l'Assemblée générale du lendemain, je n'avais pas eu le temps de finir la copie que j'en avais commencée, et j'avais dû vous envoyer une minute assez informe, dans laquelle s'étaient d'ailleurs glissées quelques inexactitudes.

La plus considérable consistait dans la fixation d'un chiffre de 55,000 fr., au lieu de celui de 60,000 fr., pour le montant qu'atteindraient probablement les frais et honoraires, payés ou à payer, à tous les experts et officiers ministériels, employés sur toute la ligne, depuis le commencement jusqu'à la fin de mes opérations.

Je me suis donc empressé, dès le lendemain de mon envoi, de reprendre et de terminer la copie de mon travail, en y faisant les corrections, et y ajoutant les explications nécessaires, et je vous l'ai fait remettre, il y a déjà plus de huit jours, par M. Catala, qui s'est immédiatement acquitté de ma commission, mais qui n'a pu obtenir la remise de la minute, en échange de la copie rectifiée.

Je vous serai obligé, messieurs les Administrateurs, de vouloir bien, d'abord, me renvoyer cette minute, qui ne saurait avoir pour vous la moindre utilité, en présence des observations que je viens d'avoir l'honneur de de vous soumettre; ensuite, me faire connaître la décision que vous aurez jugé à propos de prendre sur les diverses réclamations et propositions contenues dans mon dernier travail.

Je charge, au reste, M. Barbey-Duquil de rectifier et de compléter les divers états qui vous ont été et devaient vous être remis, à l'appui de mon compte-rendu, et vous recevrez bientôt de ses mains, sur votre récépissé, tous les états et toutes les pièces qui devaient y être jointes.

Agréez, etc.,

LÉZAT DE PONS.

M. Lézat de Pons à MM. les Administrateurs des chemins de fer de Dieppe et de Fécamp.

Paris, 25 mai 1848.

Messieurs les Administrateurs,

J'ai eu déjà l'honneur de faire remarquer à M. votre Secrétaire que le chiffre total de ce qu'en fin de compte vous aurez dû payer, pour indemnités de terrains, service du contentieux, honoraires, gratifications et frais de toute nature, était de 1,889,326 fr. 85 c. et non de 1,879,326 85 c., comme je l'avais écrit, dans mon Rapport du 25 avril dernier, par une erreur d'addition, qui m'avait fait porter à 226,065 fr. 78 c. la somme de toutes les indemnités restant dues, tandis que cette somme est, en réalité, de 236,065 fr. 78 c.

Je m'empresse de vous signaler une autre opération erronée, contenue dans ce même Rapport.

La somme de 31,158 fr. 40 c., provenant de reventes de bois ou excédants, s'y trouve portée deux fois en recette.

Je l'ai, une première fois, retranchée de la somme de 1,649,773 fr. 92 c., montant de toutes les indemnités payées, ou à payer, pour la totalité des terrains, laquelle somme s'est trouvée ainsi réduite à 1,618,615 fr. 52 c.

Plus tard, j'ai fait entrer, une seconde fois, ces 31,158 fr. 40 c., dans les 1,575,102 fr. 83 c. montant de la recette à retrancher du chiffre total de 1,889,326 fr. 85 c., pour trouver ce qui restait dû.

Le reste, obtenu de 314,224 fr. 02 c., doit donc être augmenté de cette somme de 31,158 fr. 40 c. C'est donc 345,382 fr. 42 c. que redoit encore la Compagnie.. . . . .

Agréez, Messieurs les Administrateurs, la nouvelle assurance de mes sentiments distingués.

LÉZAT DE PONS.

M. Bailleux de Marizy à M. Lézat de Pons.

Cher Monsieur,

J'étais sorti ce matin pour aller aux Travaux publics, quand vous avez pris la peine de passer chez moi. On ne me rendra réponse que dans la journée.

J'ai appris, en même temps, qu'il était question de l'achat de votre chemin. On m'a affirmé que la proposition en avait été faite par la Compagnie elle-même : elle est aux abois et ne peut trouver les 600,000 fr. qui lui sont nécessaires pour achever ce pauvre chemin.

Je ne sortirai pas aujourd'hui. Si vous pouviez venir me voir, nous causerions ensemble de cette situation et de ce qu'il y aurait à faire selon moi. Sinon, donnez-moi un rendez-vous pour demain.

Croyez-moi tout à vous de cœur.

11 avril 1848. BAILLEUX DE MARIZY.

M. Bailleux de Marizy à M. Lézat de Pons.

Cher Monsieur,

Je suis en mesure d'assister à la réunion du 20 courant. Veuillez donc me donner un rendez-vous, pour que nous puissions causer à fond de l'affaire qui nous intéresse.

Croyez-moi, cher Monsieur, tout à vous bien sincèrement.

15 avril 1848. BAILLEUX DE MARIZY.

M. Bailleux de Marizy à M. Lézat de Pons.

Monsieur,

Vous m'avez fait demander en quels termes, ou dans quel sens, il avait été fait mention de vos travaux pour la Compagnie du chemin de Dieppe, dans le Rapport présenté par M. Vuignier et moi à l'Assemblée du 22 juin 1848.

Je n'ai conservé aucune note de la partie de ce Rapport qui m'avait été confiée ; j'en ai remis le brouillon à M. Vuignier, et c'est lui-même qui s'est chargé d'en faire rédiger la copie, lue par lui et par moi à l'Assemblée. Je n'ai, en outre, reçu aucune communication de l'Administration du chemin de Dieppe, et le rapport imprimé ne m'a pas été adressé ; il m'a donc été impossible de vérifier s'il avait reproduit exactement mon premier travail.

Depuis cette époque, enfin, je ne me suis plus occupé du chemin de Dieppe, et je serais fort embarrassé de vous envoyer des souvenirs certains.

Voici ce que je présume : le Rapport présenté par la Commission d'examen a dû parler de vous deux fois : la première, au sujet des achats de terrains ; la seconde, au sujet des réclamations que vous adressiez à l'Administration. J'étais plus spécialement chargé d'examiner les dépenses faites, et M. Vuignier les dépenses à faire. J'ai donc dû m'occuper de juger comment les acquisitions de terrains avaient été faites. Si je l'ai fait, je suis certain de n'avoir parlé de la direction, imprimée par vous à cette partie du service, qu'avec les éloges que vous méritez. Il a dû même être établi, par des comparaisons avec d'autres Compagnies, que les terrains avaient été achetés à très-bon compte, dans celle de Dieppe ; je n'ai pu, à ce sujet, écrire que ce que j'ai toujours pensé, ce que tout le monde a reconnu, à savoir que vous aviez fait faire d'excellents marchés à la Compagnie. Quand à la seconde, je suis sûr de ne l'avoir point traitée moi-même : et je crois me rappeler qu'elle a été traitée par M. Vuignier, en termes très-courts, et comme une de ces questions intimes devant être débattues et résolues seulement entre vous et les Administrateurs.

Je regrette, Monsieur, de n'avoir conservé aucune trace de mon travail; je l'ai remis à M. Vuignier; s'il l'a gardé, je vous autorise bien volontiers à lui en demander communication, n'ayant, vous le savez, aucune répugnance à reproduire mes écrits et mes paroles.

Recevez, Monsieur, l'assurance de ma considération distinguée.

7 novembre 1849. A. Bailleux de Marizy.

M. Bailleux de Marizy à M. Lézat de Pons.

Monsieur,

Je vous envoie le Rapport imprimé que j'ai été chercher ce matin; j'ai demandé par écrit la copie lue en séance publique; quand je l'aurai reçue, j'aurai l'honneur de vous écrire, pour que vous veniez la comparer avec l'imprimé lui-même.

Enfin j'envoie chez M. Vuignier chercher mon brouillon; s'il l'a conservé, je vous l'enverrai, ainsi que sa réponse.

Si je vous remets ainsi ce qui m'appartient, c'est pour répondre au reproche contenu dans la lettre que m'a communiquée un de vos amis, celui de n'avoir pas servi vos intérêts avec le zèle amical que commandaient nos rapports.

J'espère que vous apprécierez cette nouvelle preuve de l'empressement que j'y avais apporté, et qui aurait réussi sans doute, si vous n'aviez pas rompu brusquement les négociations.

Ce matin, je l'avoue, j'étais plus disposé à me renfermer dans mon droit strict de Rapporteur, à cause d'un soupçon que j'avais cru voir poindre dans la lettre qui m'a été communiquée; — mais vos amis en ayant écarté l'idée, je ne demande pas mieux que de vous communiquer même ce que je pourrais garder, vous offrant encore mon entremise si elle peut vous être utile.

Mon domestique devra, au sortir de chez M. Vuignier, vous porter ces papiers ou sa réponse.

Recevez, Monsieur, l'assurance de ma considération distinguée.

8 novembre 1849. Bailleux de Marizy.

Je n'ai pas trouvé M. Crétu et l'ai fait prier de me répondre ce soir même.

Mes souvenirs d'avant-hier n'étaient pas exacts. C'est M. Vuignier seul qui a traité la question des Dépenses et qui a parlé de vos opérations; — j'ai traité celle des Recettes et toute la troisième partie du Rapport.

M. Bailleux de Marizy à M. Lézat de Pons.

Monsieur,

M. Vuignier était à Châlons hier; on l'attend ce soir à Paris. J'espère que, dès son arrivée, il me remettra le brouillon de la partie du Rapport que j'ai traitée.

M. Crétu m'a apporté hier soir la copie lue en séance publique. Si vous voulez en venir prendre connaissance dès demain, ou même dès ce soir, elle est à votre disposition.

Dans le cas où je ne serais pas chez moi, je donnerai ordre pour qu'elle soit mise sous vos yeux.

Recevez, Monsieur, l'assurance de ma considération.

9 novembre 1849. Bailleux de Marizy.

M. Bailleux de Marizy à M. Lézat de Pons.

Monsieur,

J'ai encore envoyé aujourd'hui chez M. Vuignier pour avoir le brouillon de mon travail : on m'a fait répondre qu'il avait reçu ma lettre, et qu'il m'enverrait ces papiers le plus tôt possible.

Il ne dépend pas de ma volonté de faire plus et d'établir plus vite l'exactitude de mes souvenirs.

Ainsi que je vous l'avais écrit hier, je vous ai attendu ce matin, pour vous communiquer la copie du Rapport qui m'a été confiée. Les travaux de la Commission à laquelle je suis attaché entravent assez ma liberté pour que je ne sois pas sûr de me trouver chez moi, si vous y venez, ou si vos amis s'y présentent en votre nom. Dans tous les cas, vous pourrez prendre connaissance, en mon absence, de ce qui vous sera utile.

Recevez, Monsieur, l'assurance de ma considération.

10 novembre 1849. BAILLEUX DE MARIZY.

M. Lézat de Pons à M. Bailleux de Marizy.

Paris, 10 novembre 1849.

Monsieur,

J'ai l'honneur de vous assurer que je n'ai pas du tout reçu le Rapport imprimé que vous auriez pris la peine de m'envoyer avant-hier, ni rien absolument de ce que vos réponses à mes amis et vos diverses lettres m'avaient fait espérer.

J'ai dû, avant de répondre à ce que vous me faisiez l'honneur de m'écrire en même temps, me faire représenter la lettre dans laquelle j'ai été si surpris d'apprendre que j'aurais articulé contre vous le reproche de n'avoir pas servi mes intérêts avec le zèle amical que commandaient nos rapports.

J'ai, depuis ce matin, cette lettre sous les yeux, et il m'est vraiment impossible de comprendre comment elle a pu vous donner sérieusement une pareille idée.

Non, Monsieur, je ne vous ai pas fait et je n'ai nullement voulu vous faire ce reproche, qui, s'il a pu s'offrir à votre pensée, ne pouvait qu'être à mille lieues de la mienne. Vous savez certes bien que, surtout dans les questions comme celles dont j'ai aujourd'hui à poursuivre la solution, avec une calme et persévérante énergie, les considérations d'intérêt ne sont pas celles qui me dominent.

Déjà pourtant, dans une autre occasion où, pour ne pas être obligé de renoncer à nos bons rapports, qui m'étaient chers, je voulais donner à votre loyauté un moyen de protester contre le piége dans lequel je supposais alors qu'on l'avait fait tomber, et contre les énormités dont vous seriez ainsi devenu involontairement le complice, vous avez cru devoir me répondre par ces sortes de considérations, auxquelles je vois bien maintenant que nous n'attachons pas, vous et moi, le même degré d'importance. J'étais entré, me disait votre lettre du 21 janvier dernier, dans une voie funeste à mes intérêts, parce que plus je m'élèverais contre mes adversaires, plus je me ferais blâmer d'être resté si longtemps en rapport avec eux.

Vous me dispensez sans doute de vous dire ici les raisons péremptoires que je crois avoir à opposer à cet argument, comme à tous ceux qui font la grande confiance de mes contradicteurs. Je me borne à vous rappeler que, funeste ou favorable à mes intérêts, la voie dans laquelle je marche est la seule qu'aient pu me tracer la justice et l'honneur, et que je n'ai point d'ailleurs fait un seul pas qui ne m'ait été conseillé par des hommes que tout le monde vénère et admire.

Votre persévérance à me supposer principalement préoccupé de mes intérêts m'afflige et me surprend d'autant plus, Monsieur, que vous avez eu toute facilité de me mieux connaître, ayant assez longtemps administré l'arrondissement de Dieppe, pour y bien apprendre que je n'étais pas du tout de ceux qui font passer les soins de leur fortune avant ceux de leur considération.

Vous prenez, toujours avec la même pensée, la peine de me signaler l'empressement que vous avez bien voulu apporter, pour moi, à des négociations qui auraient réussi sans doute, si je ne les avais pas rompues brusquement.

C'est la faute de ma mémoire peut-être, mais je n'ai pas le moindre souvenir de vous avoir jamais prié, ni vous, Monsieur, ni qui que ce soit au monde, d'ouvrir ou de suivre, auprès de qui que ce soit, une négociation quelconque, pour me faire obtenir, de la Compagnie du chemin de fer de Dieppe, le paiement d'une dette incontestable et sacrée.

Négocier ! pourquoi et comment ? Les négociations ici n'auraient pu être, ou que des redites superflues, ou que des tentatives faciles, mais honteuses, d'intimidation. Or, je ne fais pas et ne fais pas faire les choses inutiles, ni bien moins celles qui ne sont pas honorables. Je n'ai donc pas dû vous demander, Monsieur, de rien négocier pour moi auprès de MM. les Administrateurs de la Compagnie de Dieppe, de qui je n'ai jamais voulu rien obtenir que par la libre détermination de leur conscience, ou à défaut de celle-ci, par l'autorité de la justice.

Je plains les hommes qui ne savent être ni reconnaissants, ni justes, sans y être amenés par des négociations. Je plains surtout des administrateurs de la fortune d'autrui, qu'un négociateur obligeant peut déterminer à reconnaître et à payer une dette de cette fortune, et qu'une brusquerie du créancier peut à son tour déterminer, non-seulement à ne vouloir plus payer, mais à renier même cette même dette.

Cette façon de penser et de sentir, qui a toujours été et sera toujours ma règle, ne me permet pas, Monsieur, d'accepter la nouvelle offre que vous voulez bien me faire de votre entremise, dont je m'empresse d'ailleurs de vous remercier et qui serait, je le sais bien, non-seulement très-utile, mais toute-puissante.

Aux yeux de ceux qui méprisent beaucoup la magistrature et n'estiment guère que l'argent, je paraîtrai, en ceci, très-mal avisé. Mais, outre que je ne prétends pas absolument à la considération de ceux-là, voici, si j'avais à leur répondre, une partie de ce que je pourrais leur dire :

Les erreurs judiciaires ne sont pas impossibles assurément..... mais ces désolantes éventualités ne sont, Dieu merci, que l'exception dans les décisions de notre honorable magistrature de France ; et ce ne serait certes pas dans le lieu même et dès le lendemain du jour où elle s'est si solennellement retrempée dans le serment de rendre toujours et à tous bonne et impartiale justice, que le bon droit aurait à trembler d'avoir pour adversaires des hommes disposant d'influences occultes incalculables, des maisons de banque d'autant plus redoutables, que la suspension même de leurs paiements ne les a pas empêchés d'entreprendre, dans tous les pays, d'énormes affaires, ni ne les empêche aujourd'hui de soumissionner des entreprises de plusieurs centaines de millions.

Soit légitime confiance, soit pure illusion, j'ai donc la ferme espérance que ma demande, qui vous a paru, Monsieur, et qui est en effet si parfaitement juste, dans laquelle vous m'avez conseillé, quand j'en rédigeais les termes, que tous les autres témoins de mes nombreux et laborieux travaux trouvent même très-modérée, sera tout entière, sans restriction, sans hésitation d'aucune sorte, accueillie et consacrée par un jugement qui honorera mes juges autant que moi-même....

Si j'ai, d'un côté, le regret de refuser des offres de bons offices que vous ne me deviez pas, j'ai, d'un autre côté, celui de ne point partager entièrement votre façon de penser sur la forme et l'étendue des communications que vous pouvez me devoir.

En signant avec vos trois collègues un Rapport où, non-seulement mes réclamations et mes opérations, mais encore mes assertions sur tout le passé de l'entreprise ont été appréciées publiquement et en mon absence, vous avez, aux yeux de tout homme d'honneur, contracté l'obligation de me donner, non pas une connaissance partielle et fugitive de ce Rapport, mais sa copie tout entière, certifiée par votre signature........

Je n'ai certainement pas le droit et j'ai encore moins l'intention de demander que vous veuillez bien me livrer la pièce même qui vous a été apportée, ou que vous supportiez les dérangements et les frais de la copie qu'il s'agira d'en faire. Je suis donc à votre disposition, soit pour envoyer chez vous, ou dans tel lieu qu'il vous conviendra d'indiquer, un copiste qui, le travail fait, le collationnera avec vous, afin que vous puissiez en garantir la reproduction fidèle, soit pour désintéresser un copiste ayant votre confiance, et pouvant ainsi vous épargner l'ennui d'une collation. Un de mes bons amis, qui veut bien se charger de cette lettre, voudra bien aussi commencer aujourd'hui même le travail, si vous vous décidez pour le premier parti.

Recevez, Monsieur, l'assurance de ma considération distinguée.

LÉZAT DE PONS.

M. Lézat de Pons a écrit la copie de cette lettre sous ma dictée, l'a collationnée avec moi, et je l'ai remise moi-même, le dimanche 11 novembre, vers six heures du soir, à M. Bailleux de Marizy.

CORNAC.

M. Bailleux de Marizy à M. Lézat de Pons.

Monsieur,

J'ai l'honneur de vous envoyer ce que M. Vuignier me fait remettre, après plusieurs demandes réitérées. Il y manque peut-être quelque chose, car je vois des solutions de continuité entre plusieurs feuilles; mais M. Vuignier me fait dire qu'il n'a rien retrouvé en plus.

Le travail que je vous envoie est tout personnel, et il a été modifié dans le Rapport lu. La majorité de la Commission a dû faire prévaloir son esprit, et j'ai dû faire céder mon opinion, quand elle était en désaccord avec elle. Au fond, j'ai pensé comme elle qu'il n'y avait pas eu de fraudes; je le crois encore; mais je suis tout prêt à reconnaître que je me suis trompé, si de nouvelles lumières me sont apportées. Je n'ai argumenté que sur ce que j'ai vu; or, dans ce que j'ai vu, rien ne m'a fait supposer la fraude. Dans la forme, j'incriminais plus vivement que les autres membres de la Commission les irrégularités et les négligences; comme nous arrivions au même résultat, j'ai dû abandonner ma forme à une correction.

Mais enfin, Monsieur, vous avez désiré connaître tout ce que j'ai dit et pensé; je vous l'envoie donc, n'ayant rien à cacher dans une affaire où je n'ai voulu tromper qui que ce soit.

Je vous prie de vouloir bien m'envoyer le plus tôt possible la copie du Rapport que j'ai remise à votre ami, et qui pourrait m'être redemandée.

Veuillez agréer, Monsieur, l'assurance de ma considération distinguée.

14 novembre. BAILLEUX DE MARIZY.

M. Bailleux de Marizy à M. Lézat de Pons.

Monsieur,

On est venu me réclamer ce matin le manuscrit du Rapport qui m'avait été confié, et que j'avais demandé, pour que vous puissiez le faire contrôler avec le Rapport imprimé.

Je vous prie de vouloir bien le remettre à M. de Beauchamps, mon beau-frère, qui vous présentera ce petit mot.

Veuillez agréer, Monsieur, l'assurance de ma considération distinguée.

21 novembre 1849. BAILLEUX DE MARIZY.

Lézat de Pons, à M. le docteur de Laqueille.

Paris, 18 novembre 1849.

C'est encore moi, cher docteur. Vous voyez que j'use largement de votre bonne et infatigable amitié. On n'est pas du même village pour rien ; et vous savez, au reste, que je suis tout à votre service, comme vous avez la bonté d'être au mien.

J'ai vu hier mon ami de Planet, qui m'a promis son concours pour demain, si vous pouvez, de votre côté, être libre.

Voici de quoi j'ai encore à vous prier :

Veuillez être assez bons pour revenir tous deux chez M. de Marizy, avec la note ci-jointe, qui n'exprime pas tout ce que j'ai à lui dire, ni comme je voudrais le dire, mais qui mettra fin, s'il le veut, à cette correspondance, dont il ne saurait être plus peiné que moi.

M. de Marizy m'assure qu'il ne demande pas mieux que de reconnaître les erreurs que je pourrai lui signaler. J'en indique ici quelques-unes, qui me sont plus particulièrement personnelles, qui n'émanent pas toutes de lui, peut-être, mais dont il a assumé la responsabilité par sa signature, — qu'il doit donc, ou désavouer formellement, ou soutenir résolûment.

Il y a, dans la manière dont le travail de cette Commission est arrangé, une si grande habileté dans l'art de décomposer et de recomposer les chiffres, qu'il n'est pas possible que ce soit l'ouvrage du hasard. L'intention y est évidente.

Or, il faut que je sache enfin s'il est possible que quatre hommes me fassent impunément passer pour un comptable infidèle envers un Conseil d'Administration, tout en dégageant la responsabilité de ce Conseil vis-à-vis de ses actionnaires. Le tour serait trop fort, en vérité, et je ne m'y prêterai pas.

M. de Marizy n'a pas raison de douter que mes anciens rapports avec lui ne m'aient été chers. Je suis, vous le savez, docteur, tout d'une pièce, et ne vais pas par quatre chemins. Je tenais donc à l'amitié de M. de Marizy, puisque je le lui ai dit et prouvé. Mais je suis obligé de tenir davantage à ma considération. C'est pourquoi je suis décidé à tous les sacrifices.

Veuillez, en tout cas, me rendre ma note, sur laquelle M. de Marizy peut, s'il le veut, me donner satisfaction, les questions posées étant, je crois, fort claires, et n'ayant aucun besoin de réflexion pour être résolues.

Mille nouvelles excuses, cher docteur et ami.

LÉZAT DE PONS.

QUESTIONS de M. Lézat de Pons, *et réponses de M.* Bailleux de Marizy, *du 23 novembre 1849.*

QUESTIONS.	RÉPONSES.
Je n'ai pas à demander ici à M. Bailleux de Marizy sur quelles preuves contraires à tout ce que nous avions dit, écrit, vu et touché ensemble, il a pu établir tous les regrettables jugements que je viens de lire dans les parties de son Rapport du 20 juin 1848, ne se rattachant pas directement aux questions qui me sont personnelles.	
Si l'impunité que son absolution inattendue a fait momentanément obtenir à des actes déplorables, a pu augmenter le nombre des victimes, dans l'affaire de Dieppe, et rendre	Je n'ai point absous les actes déplorables de la *mauvaise* gestion, mais je n'ai point reconnu de fraude. J'avais apprécié cette mau-

irréparables des malheurs qu'il était encore temps, au 22 juin 1848, de prévenir, ou au moins d'atténuer, M. Bailleux de Marizy en a déjà rendu compte sans doute devant sa conscience, et il en répondra d'ailleurs devant l'opinion publique.

Je n'ai pas non plus l'intention de demander à M. Bailleux de Marizy pourquoi, — lui qui me répète encore qu'il a été surtout guidé par son amitié pour moi, dans toute cette affaire, et qu'il n'a pas cessé de s'y préoccuper de mes intérêts de toute sorte; — lui qui venait de quitter l'arrondissement de Dieppe, où il avait entendu tout le monde proclamer que le pays me devait incontestablement la réalisation d'une entreprise contrariée, de toute manière, par ses propres administrateurs; — lui qui n'ignorait pas qu'après avoir, par des travaux et des efforts considérables, assuré cette réalisation, j'avais, par un autre ordre de travaux, prévenu une catastrophe imminente, débrouillé le chaos de l'Administration centrale, ouvert les yeux des dix administrateurs qui prétendaient n'avoir rien vu, pendant deux ans, de tout ce qui se faisait autour d'eux, en leur nom, sous leur responsabilité, pour compromettre la fortune de leurs mandants et mettre une entreprise d'utilité publique à deux doigts de sa perte; — lui qui avait vu dans mes mains et touché des siennes la preuve imprimée que tout ce qu'il pouvait y avoir d'utile et d'honorable, dans le travail de *réorganisation* si vanté dans son Rapport du 20 juin, était mon ouvrage et le fruit très-laborieux de mes réflexions et de mes recherches; — lui qui, revenant des délibérations de la Commission, me disait, entre autres aveux, qu'il voyait bien que le nouveau secrétaire ne m'avait cherché querelle et ne s'efforçait de m'éliminer que pour s'approprier mes idées et le mérite de mes travaux; — lui qui, dans son propre travail, n'avait pu avoir que ces mêmes travaux pour guides; — lui qui parlait de tant de choses secondaires dans son Rapport, et qui, bien qu'il n'eût pas *à administrer*, ne se croyait pas dispensé de dire son *avis* sur toutes choses, même sur les *180,000* francs de *commission fixe* qu'il proposait de faire payer aux banquiers, en outre, soit de leur *commission proportionnelle* d'*un quart* pour cent, soit de tous leurs autres profits, etc., etc. : — je n'ai certes pas l'intention de lui demander pourquoi il n'a pas trouvé juste de dire au moins un mot de tant d'immenses travaux, de tant d'utiles services, pour en faire attribuer le mérite et la récompense à qui l'une et l'autre étaient dus? — Pourquoi, lorsqu'il voulait bien proposer, non pas de payer, mais de *féliciter l'agent* qui s'était occupé des acquisitions de terrains, il se hâtait d'ajouter que, sur d'autres lignes, le prix des terrains n'avait pas atteint la moyenne de mes acquisitions, tout en se gardant bien de dire que j'avais acheté les prairies et les jardins de la Normandie, et que ces autres lignes n'avaient rencontré que des landes stériles ? — Pourquoi il a dit que le rejet de la proposition de blâmer M. Lézat de Pons ne permettait pas de...

vaise gestion en termes tels que je demandais le changement de l'Administration. M. Lézat de Pons en a la preuve : la majorité a voulu effacer ce blâme plus sévère.

J'ai reconnu tous les services ici signalés ; je les ai proclamés et défendus. Mais le procès étant *entamé* (1), et la Commission ayant à se prononcer sur un *chiffre*, n'a pas voulu, à la majorité, entrer dans le débat laissé à la justice.

J'ai déjà expliqué quel *intérêt particulier* avait fait ajouter cette observation. Trois

(1) La Commission délibérait dans les mois de *mai* et *juin* 1848, et le premier mot de la demande de M. Lézat de Pons en justice est du mois de *juillet* suivant.

contré que les terres pouilleuses de la Champagne et les landes marécageuses de la Sologne? — Pourquoi enfin cet *ami*, dont les intérêts le préoccupaient si sincèrement, qui l'avait, sur sa demande écrite, initié et fait entrer dans l'affaire, qui avait tous les droits possibles à la reconnaissance des actionnaires et du pays, ne se trouve nommé qu'une fois dans tout son Rapport du 20 juin, et pourquoi, cette fois même, il n'y est nommé que comme sollicitant, à titre de *gratification*, ce qu'il n'a jamais demandé qu'à titre d'*honoraires* très-rigoureusement dus, très-légitimement réclamés?

A ces questions et à beaucoup d'autres de cette nature que je pourrais lui adresser, M. de Marizy se persuaderait encore que je lui sais mauvais gré de n'avoir pas servi mes intérêts, tandis qu'elles indiqueraient seulement le regret qu'il n'ait pas honoré sa mission par plus de justice.

membres de la Commission sur quatre avaient des intérêts sur d'autres lignes, et ils ont voulu se faire un titre auprès de leurs actionnaires d'un prix inférieur à celui des terrains de Dieppe. J'étais seul contre trois, et n'ai pu empêcher l'impression.

Voici donc les seuls points sur lesquels je prie, quant à présent, M. Bailleux de Marizy de vouloir bien m'éclairer.

Où M. Bailleux de Marizy a-t-il trouvé la preuve qu'un mémoire m'ait été demandé au sujet de l'*huissier de la Compagnie gravement incriminé*, et qui *se défendit plus tard?* (Rapport du 20 juin, p. .) En quoi consistait cette défense? Contre qui était-elle dirigée, et qu'établissait-elle? (1).

La Commission n'a reçu d'autre preuve de la demande de ce mémoire que le simple énoncé de cette demande fait par l'administrateur (M. Théodore Crétu), interrogé sur le caractère et la suite de ces poursuites.

La Commission n'a rien vu de la défense de l'huissier.

M. de Marizy ne se souvient-il pas d'avoir lu, avec moi, chez moi, mon Rapport général du 25 avril 1848, avant qu'il eût été remis à MM. les administrateurs?

N'avait-il pas, non-seulement approuvé, mais excité les réclamations que j'adressais au Conseil, et dont son ancienne position (de sous-préfet de Dieppe) lui avait fait, me disait-il, reconnaître la parfaite justice?

N'ai-je pas remis à M. de Marizy, devenu membre de la Commission des actionnaires, une copie de ce Rapport, qu'il a remise ensuite à son collègue, M. Vuignier?

N'ai-je pas lu ce Rapport tout entier à la Commission des actionnaires, en présence de l'administrateur délégué du Conseil, et des cinq membres de la Commission?

Je reconnais tous ces faits.

J'ai reconnu toujours les services que M. Lézat de Pons avait rendus à la Compagnie, et, par conséquent, les obligations de la Compagnie vis-à-vis de lui. Ces obligations me paraissaient de deux sortes : les unes *strictes* et *étroites*, les autres de reconnaissance et plus discutables. Les premières se composent de tout ce que M. Lézat de Pons a dépensé réellement, dans l'intérêt de la Compagnie, et dépensé sans devoir en rendre compte, d'après l'autorisation verbale que lui ont donnée les administrateurs. Pour d'autres, cette autorisation semblerait insuffisante ; à mes yeux, et connaissant la probité de M. Lézat de Pons, elle est un titre

(1) Cet huissier, qu'on avait introduit dans les affaires de la Compagnie, contrairement aux indications de M. Lézat de Pons, et que celui-ci avait dû s'empresser d'en éloigner, au premier examen de ses actes, s'était vengé de sa révocation par des pamphlets autographiés et distribués contre M. Lézat de Pons. — Il fut plus tard destitué pour d'autres faits, et condamné même à l'emprisonnement, par le tribunal correctionnel de la Seine.

suffisant pour ses réclamations. J'ai toujours reconnu cette obligation étroite de la Compagnie. J'ai conseillé à M. Lézat de Pons, pour en fixer le chiffre, de faire un total de tout ce qu'il avait reçu et dépensé depuis qu'il était au service de la Compagnie, d'en distraire ce qu'il croyait devoir être imputé pour sa dépense personnelle, et de réclamer le reste. J'ai soutenu depuis la valeur de ces réclamations.

Quant aux obligations de *reconnaissance* qui me semblent dues pour les travaux extraordinaires faits par M. Lézat de Pons, en dehors de ses attributions premières, je n'ai pu les évaluer en chiffres; j'ai même indiqué à M. Lézat de Pons qu'il lui serait peut-être difficile d'obtenir ce que j'appelle, non une *gratification* mais une *indemnité* de 100,000 f. d'une Compagnie qui n'était pas prospère. M. Lézat de Pons semblait le reconnaître, puisqu'il n'en demandait pas le paiement immédiat, mais bien dans des temps plus heureux. Au reste, il y avait là encore bien à débattre peut-être, et la Commission aurait (sans que je puisse en répondre) donné peut-être un avis sur cette partie des réclamations; mais *au moment du Rapport il y avait déjà procès entamé* (1), et après quelques paroles de ma part favorables à M. Lézat de Pons, elle a déclaré vouloir s'abstenir.

Or, dans ce rapport je disais que sur les	1,649,773 92
auxquels s'élevait le montant des *indemnités de terrains*, il avait été payé.	1,413,708 14
qu'il restait, par conséquent, à payer. . . .	236,065 78
Le rapport signé par M. de Marizy déclare que, sur ce même chiffre de.	1,649,773 92
il a été payé.	*1,432,096 08*
Qu'il ne reste donc à payer que.	*217,677 84*
Lesquels diminués de.	31,158 40
provenant de ventes d'arbres ou de cession,	
laissent pour reste à payer.	*186,519 44*

D'après quels documents M. Bailleux de Marizy m'a-t-il

J'affirme que je n'ai en aucune façon pensé à donner un démenti aux assertions de M. Lézat de Pons, ni à ses chiffres. Je ne me rappelle même pas avoir reconnu une différence entre les siens et ceux de M. Vuignier qui a fait cette partie du rapport, et que je n'ai pu contrôler, puisque j'avais remis le

(1) Le Rapport de la Commission est du 20 *juin* 1848; le procès n'a été *entamé* que le 13 *juillet* suivant.

donné ce démenti? Où a-t-il puisé son chiffre *d'indemnités déjà payées*, montant à. 1,432,096 08

Lequel excède les. 1,413,708 14

portés dans mon rapport, d'une somme de. . 18,387 94

Et dans quel but M. de Marizy a-t-il substitué à mon chiffre d'*indemnités restant à payer*, lequel était de. 236,065 78

Un chiffre incompréhensible de. 186,519 44

constituant, sur mes assertions, une différence *en moins* de. 49,546 34

Dans une autre opération, j'établissais que le total des *Appointements*, *Frais de deplacement* et *Dépenses diverses* des deux services du *Contentieux* et des *Acquisitions de terrains*, s'élèverait, à la fin d'avril 1848, à une somme de. 96,711 33

Que, sur cette somme, il avait été payé, d'abord, celle de. . . . . 61,852 38 sortant des caisses de la Compagnie, ensuite, celle de. . . . . 23,108 95 provenant des ventes de bois et autres recettes; en tout. . . . . 84,961 33 — 84,961 33

Que, par conséquent, il ne restait plus à solder, pour ce chapitre, que. . . . . 11,750 »

constituant ma créance personnelle.

Le Rapport signé par M. de Marizy annonce d'abord que les *Honoraires*, ainsi que les *Frais de déplacement* et *Dépenses diverses* des agents qui se sont occupés de ces affaires, s'élèveront à la somme de. . . . . 100,000 »

Il déclare ensuite qu'il n'a été payé, sur cette somme que. 68,674 51

Qu'il resterait ainsi à solder. 31,325 49

Or, cette dernière somme diffère des. . . . 11,750 »

portés dans mon Rapport, comme solde de ce chapitre, de. 19,575 49

Où M. de Marizy a-t-il pu prendre le chiffre *payé* de 68.674 51?

A cette somme de. 31,325 49

dont M. de Marizy me fait réclamer le solde, tandis que je ne réclamais, dans le Rapport mis en ses mains, que 11,750 fr., il ajoute celle de. 9,174 60

comme complément du total à solder pour

A reporter. 40.500 09

Rapport de M. Lézat de Pons à M. Vuignier. Je puis m'expliquer cette différence parce qu'il y avait peut-être eu quelques nouvelles indemnités de payées depuis le rapport de M. Lézat de Pons.

En tous cas, je ne demande pas mieux que d'aller chez M. Vuignier en compagnie d'un ami de M. Lézat de Pons, savoir la cause de cette différence, et de déclarer à la suite qu'il y a erreur, s'il y en a effectivement.

Je ne puis m'expliquer les différences que signale M. Lézat de Pons; je répète que je ne demande pas mieux que d'en chercher les causes, et de les attester ensuite.

Je n'ai point assez présent le souvenir de la discussion de la Commission sur cet article du Rapport de M. Vuignier, pour le rapporter ici; mais j'affirme que la Commission a entendu que, sur la première partie des réclamations de M. Lézat de Pons, il n'y eût *aucune discussion*, c'est-à-dire que tout ce qui lui était dû lui fût intégralement payé. Sans aucun doute elle n'a pu vouloir qu'on lui payât davantage que ce qui lui était dû; et je suis assuré que si M. Vuignier a commis sur ce point une erreur, il la rectifiera. Je suis tout prêt à la rectifier pour mon compte.

Il me semble, d'après la lecture très-courte du Rapport faite ces jours derniers,

Report 40,500 09

Frais de notaire; ce qui me donne l'air de réclamer. *40,500 09*

en outre de ce qu'il appelle. . . . . 114,000 »

de *gratification*, soit un total de. 154,500 09

que la somme de *40,500 fr.* restant à payer, est inscrite sans indication et pour frais de tout genre. Elle ne peut donc être mise au compte *seul* de M. Lézat de Pons.

Dans quel but M. de Marizy a-t-il donné à ses chiffres une disposition qui dément mon Rapport, et qui est à son tour démentie par la date même d'actes authentiques?

Dans quel but me fait-on avoir payé *dix-huit mille francs* d'*indemnités* que je n'ai pas payées, et réclamer *vingt-neuf mille francs* que je ne réclame pas?

La Commission, qui m'adresse ses *félicitations* sur le bon marché de mes opérations, et qui invite les actionnaires à témoigner leur reconnaissance aux administrateurs, pour des opérations si bien faites, par une approbation sans réserve de tous leurs comptes, a-t-elle entendu laisser à ces administrateurs, qu'elle venait de contrôler et d'absoudre, le droit de calomnier, à l'aide d'une disposition sournoise de chiffres, le seul homme qui ait loyalement et utilement agi dans toute cette affaire?

Comment se fait-il, d'ailleurs, que cette disposition de chiffres, et les inexactitudes qu'elle n'a pas pu tout à fait éviter, coïncident précisément avec des faits postérieurs au 22 juin, et ne puissent être expliqués que par eux?

Non certainement la Commission n'a pas voulu calomnier M. Lézat de Pons, ni contester ses chiffres; et, pour ma part, je n'ai pas contrôlé les chiffres de M. Lézat de Pons avec ceux de M. Vaignier, parce que je n'ai pas cru mon amitié intéressée à examiner des dispositions qui étaient bien formulées en ces termes : que *les réclamations de M. Lézat de Pons* devaient être *admises sans discussion*, sauf *l'indemnité*, sur laquelle la Commission a refusé de se prononcer.

J'affirme, sur l'honneur, que je n'ai eu, depuis l'Assemblée de la Compagnie, d'autres rapports avec aucun administrateur que *pour signer le Rapport lu*, ce que j'ai fait *très à la hâte*, et pour demander l'admission d'un ouvrier serrurier sur la ligne, qui m'a été refusée.

La coïncidence des faits postérieurs est pour moi lettre close, et je prie M. Lézat de Pons de vouloir bien me les communiquer. S'ils constituent une fraude, je ne veux point en être le complice.

En fixant à. 1,649,773 92

le *prix brut* des terrains, j'avais eu le soin d'avertir que je ne comprenais pas dans ce prix quelques intérêts qui devaient être ajoutés à quelques-unes des indemnités non encore acquittées, et je n'avais, ni voulu, ni pu y comprendre rien autre chose que les sommes principales dues aux indemnitaires. — M. de Marizy, en acceptant exactement mon chiffre, l'a-t-il fait résulter d'autres éléments, et a-t-il entendu y comprendre, non-seulement les *intérêts*, que j'avais dû négliger, mais jusqu'à des *contributions*, auxquelles je n'avais pas dû le moins du monde songer?

En cas d'affirmative, M. de Marizy veut-il bien dire par quel procédé il avait pu calculer les *intérêts*, les *contributions* et autres dépenses nécessairement inconnues à l'avance, au point d'en indiquer le montant *à un centime près?* Veut-il bien dire comment il a pu se faire surtout qu'ayant opéré sur des éléments si différents des miens, il se soit ainsi rencontré avec moi, jusque dans mes 92 centimes?

En portant à. 96,711 33

le total de ce qu'avaient coûté, fin avril 1848, les deux services du Contentieux et des Acquisitions de terrains, j'avais dû préalablement retrancher du *débit* de ces deux services, les 8,231 fr. prélevés en dix fois pour *commissions de banque*, par M. l'administrateur Osmont.

M. Bailleux de Marizy, en augmentant de. . 3,288 67
mon chiffre de. 96,711 33

et en élevant ainsi le dernier à. . . . . . . 100,000 »

a-t-il entendu y faire entrer les *commissions* touchées par M. l'administrateur, et une pareille dépense lui a-t-elle semblé devoir faire partie des *sommes payées aux agents* des deux services?

MM. les administrateurs ayant, à diverses reprises, retiré, de diverses manières, une partie des sommes portées par eux au *débit* du compte des terrains, M. de Marizy a-t-il pensé que ce compte dût rester chargé des débourses réencaissés par MM. les administrateurs, ou retenus, à titre de *commissions*, par leurs maisons de banque?

En un mot, la Commission, en acceptant, et en faisant adopter par l'Assemblée générale des actionnaires mon chiffre total de. 1,649,773 92
pour *Indemnités de terrains*, — celui de. . . 60,000 »
pour *Frais de notaires*, *avoués*, etc., — celui de. 96,711 33
élevé par elle à. . . . . 100,000 » — 100,000 »

pour *Honoraires*, *Frais de déplacement* et *Dépenses diverses* des services du Contentieux et des Acquisitions de terrains, — en tout. . . 1,809,773 92

pour ces trois chapitres, — non compris mes honoraires et les sommes dues à mes collaborateurs, — a-t-elle entendu, *oui ou non*, ajouter foi à mon Rapport ou le contredire, en faisant entrer dans mes chiffres autre chose que ce que j'y avais fait entrer moi-même?

C'est M. Vuignier qui a écrit toute cette partie du Rapport et qui a produit des chiffres que je n'ai point *contrôlés*. Je n'avais aucun intérêt à le faire, ne doutant pas le moins du monde des intentions équitables de la Commission pour M. Lézat de Pons.

Je n'ai eu *aucune connaissance* de la commission payée à M. Osmont, et je ne puis dire si elle a été comprise dans la somme de 100,000 fr.

Je n'ai eu encore aucune connaissance de ce fait.

Je n'ai eu, pour ma part, aucune intention de contredire les chiffres de M. Lézat de Pons. La Commission, de son côté, n'a pas entendu non plus taxer d'inexactitude ses chiffres; et la différence qui existe ne me semble explicable que par des dépenses *postérieures* à celles du Rapport de M. Lézat de Pons. J'offre encore de voir M. Vuignier et d'en savoir la cause. Pour ma part, je déclare formellement que *je ne taxe en rien d'inexactitude les dires et les chiffres* de M. Lézat de Pons.

M. Lézat de Pons à M. de Marizy.

Monsieur,

Vous avez, ce matin, répondu, en homme du monde, à une partie des questions que j'avais eu l'honneur et le devoir de vous faire adresser. A ce point de vue, et quelles que doivent être, pour vous et pour moi, les suites de leur insuffisance, je vous remercie de ces réponses.

J'ai voulu vous épargner la peine que vous offriez de prendre pour aller chercher chez votre ancien collègue les solutions qui vous semblaient ne pouvoir être données que par lui; il vient de me répondre qu'elles ne pouvaient être données que par vous.

Je persiste à penser qu'elles me sont dues, non pas, comme il me l'a dit, par la Commission, qui n'existe plus, mais par chaque signataire du Rapport du 22 juin.

J'userai donc de mon droit envers vos trois collègues, quand ils ne pourront plus se méprendre sur le motif et le but de ma réclamation; et celui que je viens de voir aurait tort de douter que je ne m'empresse, à ce moment, d'aller au devant du désir exprimé par sa dernière parole.

Il faut, en vérité, qu'on ait donné à cette Commission des notions encore plus fausses sur les personnes que sur les faits, pour que j'aie à combattre d'abord, sur chacun de ses membres, une opinion tout à fait erronée sur le but des demandes très-simples et très-légitimes que je viens lui adresser. Voilà que votre collègue m'offrait tout à l'heure de venir témoigner pour moi en justice. Il est plus que probable que cette triste affaire lui procurera, en effet, une occasion prochaine de venir en justice; mais ce sera, le cas échéant, plus pour son compte que pour le mien.

Vous, Monsieur, qui êtes maintenant bien convaincu qu'il n'entre aucune pensée d'intérêt dans mon désir d'obtenir des explications positives sur les divers points que mes amis ont eu l'honneur de mettre sous vos yeux, et qui souhaitez, sans doute, comme moi, une conclusion prompte de nos pourparlers, vous voudrez bien, je n'en doute pas, me faire savoir le plus tôt possible,

A quelles sources certaines vous avez puisé, à quelle date vous avez voulu fixer, de quels éléments vous avez entendu composer les chiffres suivants :

Prix total des terrains.	1,640,773 fr.	92 c.
Indemnités payées.	1,432,096	08
Indemnités à payer.	186,519	44
Frais de notaire.	60,000	»
Aux agents qui se sont occupés de ces affaires.	100,000	»
Payé aux notaires.	50,825	40
Aux agents de la Compagnie.	68,674	51
Restant à solder.	40,500	09
Total à solder.	227,019	53?

Par quel motif il vous a semblé juste d'appeler, dans votre Rapport, gratification, dans votre réponse de ce matin, indemnité, une réclamation d'honoraires que j'ai toujours faite à ce titre, sous ce nom, pour plusieurs centaines de plaidoiries, et pour une infinité d'autres travaux dont je n'ai obtenu aucune rétribution?

A quelle date vous avez signé votre Rapport du 22 juin, que vous m'apprenez avoir été signé par vous, à la hâte, postérieurement à l'Assemblée générale?

Cette dernière demande, que je vous soumets uniquement pour répondre, par un grand service très-réel, aux bonnes intentions secrètes que vous avez eues pour moi, peut vous faire comprendre combien il vous importe de vous délivrer entièrement d'une responsabilité et d'une solidarité fâcheuses, si vous avez été trompé.

Vous ne pouvez, en aucun cas, me demander de rendre le même service à d'autres; c'est pourquoi vous n'insisterez pas, j'espère bien, pour me mettre dans l'impossibilité de faire rendre à chacun selon ses œuvres. Toute insistance ne pourrait, d'ailleurs, avoir d'autre résultat que de rendre plus fâcheuse la solidarité dont je désire que vous vous débarrassiez complétement.

Ce bon désir, je ne saurais l'étendre à aucun autre, et je souhaite, au contraire, qu'on puisse apprendre à certains hommes, qui se croient infiniment habiles en affaires, qu'il y a une habileté qui vient tôt ou tard à bout de toutes les autres, et que cette habileté, c'est celle de la bonne conscience et de l'inaltérable droiture.

Le silence que je garde ici, à l'égard de quelques-uns des points sur lesquels vous avez oublié de m'éclairer, et sur quelques-unes des explications que vous m'avez fait l'honneur de m'adresser, vous confirmera, j'espère, Monsieur, dans la conviction que mes intérêts matériels me préoccupent peu en tout ceci, puisque j'aime mieux abandonner les questions ayant un rapport secondaire avec ces intérêts, que de vous faire croire, en insistant, que l'accessoire est le principal à mes yeux.

Sans cette considération, j'aurais pu m'étonner, d'abord, que vous expliquiez un déni de justice commis contre moi, devant les actionnaires, par la crainte qu'en leur disant la vérité, vous ne me donniez un moyen d'obtenir justice devant le tribunal, dans mon procès contre les administrateurs; — ensuite, que vous ayez pu, le 22 juin, être arrêté dans la manifestation de vos sentiments d'amitié, d'équité, de droiture, par la considération d'un procès commencé le 13 juillet seulement.

Recevez, Monsieur, l'assurance de ma considération distinguée.

Lézat de Pons.

23 novembre 1849.

M. Louis de Planet à M. Lézat de Pons.

Paris, 24 novembre 1849.

Mon cher ami,

Je suis bien toujours à votre disposition pour revenir chez M. Séguin. — Mais croyez-vous qu'il n'y ait pas, de sa part, une résolution prise de ne pas se laisser voir? — Ce qui me fait penser ainsi, c'est moins l'inutilité de vos cinq ou six visites, que les airs qui m'ont frappé hier dans M. Vuignier. Le soin qu'il mettait à se tenir en garde et à chercher des faux-fuyants, ses explications tortueuses, ses réponses d'abord évasives et à la fin grossières, tout me faisait soupçonner qu'il en savait, sur tout cela, plus qu'il ne voulait vous en dire. — Si la chose a été concertée entre ce membre de la Commission et votre M. *Crétu,* et si M. Séguin passe, comme vous me l'avez dit, pour l'*ami* de ce dernier, n'aura-t-il pas aussi trempé un peu dans l'affaire, et croyez-vous que vous trouverez chez lui plus de franchise et plus de politesse? — En cas de doute, ne vaudrait-il pas mieux supprimer toute visite préliminaire? — Je vous soumets simplement cette question, en vous renouvelant l'assurance que, partageant ou non mon avis, vous pouvez toujours disposer de moi.

Réponse ce soir, pour que je puisse, s'il y a lieu, me tenir prêt pour demain.

Tout à vous.

L. De Planet.

M. Bailleux de Marizy à M. Lézat de Pons.

Monsieur,

M. Vuignier vous renvoie à moi pour des éclaircissements sur un travail qu'il a fait lui-même, et lui seul. Je n'ai pas agi ainsi, et j'ai poussé la loyauté jusqu'à vous adresser le brouillon de la partie du Rapport que j'avais écrite; je ne rejetais ainsi sur personne autre la responsabilité de mes écrits et de mes pensées.

Je vais, aujourd'hui même, me rendre chez M. Vuignier, avec mon beau-frère, M. de Beauchamps, et j'espère qu'il voudra bien me communiquer les notes d'après lesquelles il a fait son travail, et les éléments des chiffres qu'il a posés lui-même. Je pourrai alors répondre aux questions que vous me faites l'honneur de m'adresser. Si M. Vuignier ne peut me donner ces notes, ou s'y refuse, je chercherai, à la Compagnie de Dieppe, d'après quels documents elles auraient pu être établies; en tous cas, *je déclare très-hautement que si j'avais pu penser qu'il y eût contradiction entre ces chiffres et les vôtres*, et qu'on eût voulu tirer une conséquence telle quelle de cette contradiction, je n'aurais pas consenti à les laisser inscrire sans vous avoir entendu. Si j'ai été complice d'une erreur, je désire qu'il soit très fort établi que je ne puis suspecter en rien ***l'exactitude*** de vos chiffres, et qu'***en signant le Rapport où il en a été établi de différents, je ne croyais pas à cette différence***.

Vous me demandez aussi, Monsieur, pourquoi il m'a semblé juste d'appeler, dans le Rapport, gratification, et dans ma réponse d'hier, indemnité, ce que vous réclamez comme honoraires.

Je faisais deux parts de vos travaux : les uns, spéciaux à votre profession, découlant de votre situation de conseil ; les autres, entrepris par obligeance ou par bonne volonté. C'est à ces derniers que j'attribuais l'expression d'indemnité, le mot *honoraires* me semblant réservé pour les travaux purement judiciaires. Je veux imiter votre franchise, et vous expliquer ma pensée tout entière. Comme avocat en titre de la Compagnie, vous auriez consenti à plaider une énormité de procès pour elle, que, dans son droit strict, et peut-être trop rigoureux, elle pouvait vous refuser d'augmenter vos honoraires, fixés à l'avance (1). Mais il n'en est pas de même pour les travaux extraordinaires en dehors de votre spécialité, tels que les recherches sur les poursuites et les transferts d'actions ; et il y a là ce que j'appelle matière à indemnité.

Enfin, vous me demandez à quelle date j'ai signé mon Rapport : je ne puis vous en donner le jour exact, mais voici des faits positifs. J'étais à la campagne, au mois de juin, pendant les affaires de Paris ; ma femme eut un accident qui, dans son état de grossesse, était dangereux ; nous ne revînmes à Paris que dans le commencement d'août, et c'est probablement *vers la fin de juillet*, c'est-à-dire *à l'époque de l'inauguration du chemin, que j'ai signé le Rapport.* Je ne suis, en effet, revenu à Paris que pour assister à cette inauguration, ne voulant pas laisser ma femme seule à la campagne.

Je regrette enfin, Monsieur, que vous vous refusiez de croire que le silence gardé sur vos réclamations, ou plutôt le défaut de prononcé de jugement, indique, de ma part, une froideur à laquelle vous ne deviez pas vous attendre. Des attestations ne prouvent rien, mais je vous pose seulement cette question : Si, devant une réunion de juges, vous croyez voir, ou l'intention bien arrêtée de s'abstenir, ou même l'intention de repousser une demande, serait-ce un procédé amical que de provoquer nécessairement un jugement négatif, et croiriez-vous, en laissant exprimer une abstention que, dans tous les cas, la majorité des juges peut faire prévaloir, croiriez-vous, dis-je, avoir manqué à vos devoirs de l'affection ?

Veuillez agréer, Monsieur, l'assurance de ma considération distinguée.

24 novembre 1849. BAILLEUX DE MARIZY.

M. Bailleux de Marizy à M. Lézat de Pons.

Paris, 25 novembre 1849.

Monsieur,

Je me suis présenté hier soir, avec mon beau-frère, chez M. Vuignier ; il s'est empressé de me donner tous les éclaircissements en son pouvoir sur les chiffres qui sont l'objet de votre lettre et dont il était l'auteur. J'ai l'honneur de vous les transmettre le plus clairement possible.

Prix des terrains	1,649,773 92	Ce chiffre est la situation de la Compagnie au mois *de juin* 1848, et diffère de la situation du mois *d'avril*.
Indemnités payées.	1,432,096 08	Cette situation du mois *de juin* était établie par un compte général présenté par l'Administration. Il en résultait que de nouvelles indemnités avaient été payées depuis le mois d'avril. Le compte général a été accepté sans examen de quittance.
Frais de notaire.	60,000 »	— Ces frais s'élevaient au mois de juin à 50,825 fr. 40 c. ; il restait des contrats à passer ou à liquider. On a supposé que cela nécessiterait des frais, et, pour établir un chiffre approximatif, on a porté, en nombres ronds, cette dépense à 60,000 francs.

(1) Confusion du titre d'*Avocat* avec celui de *Directeur du Contentieux*.

Aux agents qui se sont occupés des affaires.	100,000 »	

Dans votre Rapport vous portiez ces dépenses à 96,711 fr. 33 c., ensemble ce que vous aviez reçu et ce qui vous restait à recevoir.

On a reconnu que ces objets n'étaient pas discutables, que ces dépenses devaient être payées; et, comme ci-dessus, on a porté, en chiffres ronds, 100,000 fr.

payé aux notaires.	50,825 40	L'auteur du travail ne sait si c'est sur quittances, sur compte général, ou sur les livres de la Compagnie qu'il a pris ces chiffres. *En marge* de son brouillon, il a vu seulement écrites, par lui, trois sommes, dont le total forme le second chiffre.
Aux agents de la Compagnie. . .	68,674 51	
		43,249 53
		18,602 85
		6,822 13
		68,674 51

La justification de ces sommes payées ne pouvait lui être donnée que sur les pièces que l'Administration lui produisait : il s'est borné à les inscrire ; mais, pour être conséquent avec les prévisions ou les approbations qu'il avait données précédemment, il a dû ajouter comme restant à payer :

Restant à solder	40,500 09	Ainsi composés :
	9,274 61	Approximativement évalués pour derniers frais de contrat.
	28,036 82	Différence avec votre compte approuvé par la Commission et les sommes que la Compagnie déclarait avoir payées.
	3,288 67	Addition pour composer le chiffre rond de 100,000 fr.
	40,500 09	
Total à solder.	227,019 53	

D'après ce qui a été dit ci-dessus de la situation des indemnités payées *au mois de juin*, pour arriver au chiffre total de 1,649,773 fr. 92 c., il restait à payer 186,519 fr. 44 c. Cette somme avec celle de 40,500 fr., forme un total de 227,019 fr. 53 c.

Pourquoi l'auteur du travail a-t-il écrit des chiffres approximatifs, et dépassé plutôt que diminué les prévisions ? Il recherchait surtout un but moral et poursuivait l'ensemble plus que le détail des opérations. Relativement à cette partie de son travail, il s'était posé ces deux questions :

Les indemnités payées pour terrains ont-elles été trop élevées ?

Les honoraires, frais de tout genre ont-ils dépassé certaines limites ?

Dois-je apprécier les unes et contester les autres ? A ces deux questions il a répondu de la même manière et par la même approbation.

Les indemnités pour terrains se sont élevées à un taux bien plus favorable que sur les lignes voisines, pour la Compagnie de Dieppe, et le compte des frais ne doit pas être contesté : il doit être *approuvé et soldé.*

Ce sont ces conclusions que la Commission a approuvées.

Veuillez agréer, Monsieur, l'assurance de ma considération très-distinguée.

Bailleux de Marizy.

M. Théodore Crétu à M. Bailleux de Marizy.

Monsieur,

Je suppose que M. Lézat de Pons et vous n'aurez plus besoin du Rapport de la Commission ; je vous prie, en conséquence, de vouloir bien me le faire remettre. Dans le cas contraire, je me verrais, bien à regret, dans la nécessité de vous adresser une sommation.

Agréez, Monsieur, l'assurance de ma considération très-distinguée.

23 mai 1850. Th. Crétu.

M. Bailleux de Marizy à M. Lézat de Pons.

Monsieur,

J'ai l'honneur de vous adresser la lettre que je reçois de M. Crétu, et viens vous prier de vouloir bien me mettre en mesure d'y répondre le plus tôt possible.

J'ignore tout à fait la suite de l'affaire qui a été entamée entre vous et la Compagnie de Dieppe ; mais je désire vivement, et vous le comprendrez sans peine, ne point être victime de ses conséquences.

Veuillez agréer, Monsieur, l'assurance de ma considération très-distinguée.

24 mai 1850. BAILLEUX DE MARIZY.

M. Lézat de Pons à M. Bailleux de Marizy.

Monsieur,

J'éprouve le plus grand regret de ne pouvoir aucunement, ni satisfaire par moi-même, ni souhaiter qu'il soit satisfait par d'autres, à la réclamation, peut-être imprudente, qui vous est adressée, et que vous me faites l'honneur de me transmettre.

Les numéros du *Droit*, des 16 février et 23 mars derniers, peuvent vous indiquer où en est aujourd'hui l'affaire dont vous prenez la peine de me dire que vous ignorez tout à fait la suite.

Veuillez agréer, Monsieur, tout mon regret, et l'assurance de ma considération très-distinguée.

25 mai 1850. LÉZAT DE PONS.

Sommation par MM. les Administrateurs à M. Bailleux de Marizy, à fin de restitution du Rapport du 20 juin 1848.

L'an mil huit cent cinquante, le vingt-deux août, à la requête de MM. les Administrateurs de la Compagnie des chemins de fer de Dieppe et de Fécamp, dont le siége est à Paris, rue d'Amsterdam, n° 15, et pour lesquels domicile est élu à Paris, rue Neuve-des-Petits-Champs, n° 87, en l'étude de Mᵉ Glandaz, avoué au tribunal civil de première instance de la Seine,

J'ai, Candide Bourdon, huissier près le tribunal civil de première instance de la Seine, séant à Paris, y demeurant, boulevard Saint-Denis, n° 19,

Soussigné, signifié à M. Bailleux de Marizy, demeurant à Paris, rue de Berlin, n° 14, en son domicile et parlant à la concierge de la maison ainsi déclarée ;

Que, sur la demande du sieur Bailleux de Marizy, la Compagnie des chemins de fer de Dieppe et de Fécamp lui a confié, le 8 novembre 1849, le manuscrit d'un rapport de la Commission des actionnaires lu à l'Assemblée générale du 22 juin 1848 ;

Que ce manuscrit, qui est la propriété de la Compagnie, lui a été réclamé le 28 novembre 1849 ;

Que le sieur de Marizy a répondu le lendemain qu'il se trouvait, par sa très-grande faute, dans l'impossibilité de faire la restitution qui lui était demandée ; qu'il avait confié ce manuscrit à un tiers, sous la promesse qu'il lui serait rendu sous deux jours, et que, depuis lors, il avait fait inutilement de nombreuses démarches pour en obtenir la restitution ;

Que c'est sur sa demande que le manuscrit dont il s'agit a été confié au sieur de Marizy, et comme ayant fait partie de la Commission des actionnaires de l'Assemblée générale du 22 juin 1848 ;

Que si, comme l'a annoncé le sieur de Marizy, c'était principalement pour établir la parfaite conformité du Rapport imprimé et du Rapport manuscrit, qu'il avait demandé communication de ce dernier à la Compagnie, il était parfaitement inutile de le remettre à un tiers, et qu'une simple lecture suffisait pour constater cette conformité ;

Que c'est sans droit comme sans qualité, que le sieur de Marizy détient dans ses mains, ou a livré à une tierce personne, une pièce qui lui avait été confiée à lui seul, et comme ancien membre de la Commission, avec promesse, de sa part, de le restituer dans un bref délai, et qu'un plus long retard porterait à la Compagnie un préjudice qu'il est temps de prévoir ;

Et à même requête, demeure et élection de domicile que dessus, j'ai, huissier susdit et soussigné, domicile et parlant comme dessus, fait sommation audit sieur Bailleux de Marizy de, dans trois jours, pour tout délai, déposer dans les bureaux de la Compagnie, 15, rue d'Amsterdam, le manuscrit qui lui a été remis de confiance le 8 novembre 1849, lui déclarant que, faute par lui de satisfaire dans ledit délai à la présente sommation, les requérants se pourvoieront, pour l'y contraindre, par toutes les voies de droit.

A ce qu'il n'en ignore, je lui ai domicile et parlant comme dessus laissé cette copie.

Coût : quatre francs soixante-dix centimes.

Signé : Bourdon.

M. Bailleux de Marizy à M. Lézat de Pons.

Viroflay, 24 août 1850.

Monsieur,

Voici la sommation que je viens de recevoir à la campagne, de la part de MM. les Administrateurs du chemin de Dieppe. Je ne puis mieux faire que de vous en référer ; vous seul êtes, en effet, en mesure de décider quelle réponse je puis leur faire.

Quand donc finiront, pour moi, tous les ennuis d'une affaire à laquelle je n'ai voulu participer que dans l'intérêt de la justice et de la vérité ?

Veuillez agréer, Monsieur, l'assurance de mes sentiments les plus distingués.

Bailleux de Marizy.

M. Lézat de Pons à M. Bailleux de Marizy.

Paris, 25 août 1850.

Monsieur,

J'ai eu l'honneur de vous exprimer, par ma lettre du 25 mai dernier, un regret que je ne puis que vous renouveler aujourd'hui.

Ce n'est certainement pas moi qui dois décider quelle réponse vous pouvez vouloir faire à des menaces qui ne doivent guère vous inquiéter, dans la situation d'indépendance où vous m'avez fait l'honneur de m'écrire que vous vous trouviez, envers ceux qui ont l'imprudence de vous les adresser, et dans la disposition où votre lettre d'hier m'assure que vous avez toujours été, de ne participer à cette affaire que dans l'intérêt de la justice et de la vérité.

Je n'ai, de mon côté, aucun besoin de vous dire, Monsieur, que toujours ce double intérêt sera, comme il a été ma règle, et que, par conséquent, les déclarations qu'il vous dictera, sur tous les faits résultant de nos rapports ne sauraient manquer de se rencontrer avec les miennes.

Vous prenez, Monsieur, la peine de me demander quand donc finiront pour vous les ennuis de cette affaire. — J'ai la maladresse de ne pas bien comprendre cette question, comme j'ai eu celle de ne savoir pas trouver, dans les explications que vous avez eu l'obligeance de m'accorder, il y a quelque temps, une indication bien nette des devoirs qui me restaient à remplir envers vous.

J'ai donc, sur ce point, le regret de ne pouvoir encore vous rien répondre, si ce n'est que, moi aussi, je n'ai voulu participer et n'ai, de plus, participé réellement à cette affaire, que dans l'intérêt de la justice et de la vérité ; — que les ennuis résultant pour moi des inexactitudes flagrantes d'une pièce revêtue de votre signature durent encore : — que vos ennuis ne sont en rien mon ouvrage ; — que j'ai, au contraire, beaucoup fait, pour les prévenir, d'abord, pour les amoindrir, ensuite ; — qu'aujourd'hui, encore j'ai le désir de vous voir vous en affranchir ; — que je vous y aiderai, au besoin, avec sincérité ; — mais, qu'il n'y a au monde, ni considération, ni puissance qui me fasse jamais renoncer à poursuivre, par tous les moyens honorables, et, s'il le faut, pendant des années, la réparation complète des atteintes injustes qu'on a cru pouvoir essayer impunément contre mon caractère.

Veuillez agréer, Monsieur, l'assurance de mes sentiments les plus distingués.

LÉZAT DE PONS.

MM. de Sainte-Rose et de Séré à M. Lézat de Pons.

9 février 1852.

Mon cher Monsieur Lézat,

Selon votre désir, nous nous sommes présentés hier, rue de l'Oratoire du Roule, n° 13, chez M. Fournier, un des signataires du Rapport de la Commission nommée par l'Assemblée générale des Actionnaires de la Compagnie des chemins de fer de Dieppe et de Fécamp, du 29 avril 1848.

En réponse aux questions que nous lui avons nettement posées de votre part, M. Fournier nous a positivement déclaré à plusieurs reprises :

1° Que la Commission avait à l'unanimité, adopté, sans aucune difficulté, tous les chiffres de votre Rapport au Conseil d'Administration du 25 avril 1848, concernant la situation des deux services du Contentieux et Acquisitions de terrains.

2° Que depuis cette adoption de tous vos chiffres, jusqu'à l'Assemblée générale du 22 juin, où le Rapport de la Commission avait été lu aux Actionnaires, il n'y avait eu, de la part de la Commission, aucune sorte de délibération pour modifier en quoi que ce soit aucun de ces chiffres.

Tenez cette double déclaration pour très-formelle, et recevez la nouvelle assurance de notre dévouement affectueux.

E. DE SAINTE-ROSE.
V. DE SÉRÉ.

MM. de Sainte-Rose et de Séré à M. Lézat de Pons.

10 février 1852.

Mon cher Monsieur Lézat,

Nous nous sommes présentés hier matin, rue Louis-le-Grand, n° 3, chez M. Charles Séguin, ancien président de la Commission d'examen, nommée par les actionnaires de la Compagnie des chemins de fer de Dieppe et de Fécamp, dans leur Assemblée générale du 29 avril 1848.

M. Charles Séguin ne s'est pas montré très-disposé à répondre aux questions que nous venions lui poser de votre part ; il a allégué le laps de temps considérable qui s'était écoulé depuis l'accomplissement des faits sur lesquels nous lui demandions de vouloir bien s'expliquer ; il nous a parlé d'ailleurs du procès actuellement pendant entre vous et son ancien collègue, M. Bailleux de Marizy, de façon à nous faire penser qu'il craindrait, en s'expliquant à son tour, de s'engager lui-même dans des difficultés de la même nature.

Toutefois, malgré cette crainte, et l'extrême réserve dans laquelle il a cru devoir se tenir renfermé, M. Charles Séguin ne nous en a pas moins déclaré, lui aussi, que la Commission avait bien sûrement adopté à l'unanimité tous les chiffres de votre Rapport général du 25 avril 1848, et que, dans aucune délibération ultérieure, elle n'était revenue sur cette adoption, pour la modifier en aucune manière.

Recevez, cher monsieur et ami, la nouvelle assurance de tout notre dévouement affectueux.

E. DE SAINTE-ROSE.
V. DE SÉRÉ.

M. Binet, notaire à Dieppe, à M. Lézat de Pons.

Dieppe, 16 septembre 1846.

Monsieur et cher Maître,

Mes clients seraient, comme moi, bien désolés de vous être désagréables par des réclamations trop souvent et trop vivement renouvelées. Mais je vous assure qu'ils ont besoin de leur argent, et que vous ferez une bonne œuvre, autant qu'un acte de justice, en vous entremettant pour qu'ils soient payés bientôt. Nous savons bien, eux et moi, que ce retard ne doit pas vous être imputé; aussi espérons-nous que vous ne verrez, dans nos instances, rien qui vous soit personnel.

Je suis, d'ailleurs, comme je vous l'ai déjà dit, tout à votre service pour le mouvement des fonds que vous devez expédier à Dieppe, aux mêmes conditions que vous accorde à Rouen M. Gueroult, mon confrère. J'y trouverai tout au plus de quoi couvrir mes frais, mais j'y gagnerai, ce qui me fera grand plaisir, de vous être bon à quelque chose, et de suivre de loin, au profit de mon pays, les bons exemples de désintéressement et de zèle que vous nous donnez à tous ici, depuis votre arrivée.

Nous causerons plus longuement, s'il vous plaît, de tout cela samedi prochain ; car j'espère bien que vous n'oublierez pas que c'est jour de marché à Dieppe, et que votre présence doit y être utile pour les intérêts qui vous sont confiés, et que vous servez toujours avec tant de loyauté et de bonheur.

Je vous renouvelle, Monsieur, en attendant, l'assurance de mes sentiments très-distingués.

BINET.

OBSERVATIONS

SUR LE

COMPTE DES DEUX SERVICES

DU CONTENTIEUX

ET

DES ACQUISITIONS DE TERRAINS.

Le total de la dépense qui devait être faite en fin de compte pour les trois chapitres afférents aux deux services du Contentieux et des Acquisitions de terrains,— sans déduction du produit des diverses reventes, et non compris quelques intérêts de peu d'importance qui pourraient être dus sur les indemnités non encore acquittées à la date d'avril 1848, — avait été fixé :

Par le Rapport de M. Lézat de Pons, du 25 avril, à une somme de.	1,806,485 25
Par le Rapport imprimé du 20 juin (pages 29 et 30), à.	3,288 67
de plus, c'est-à-dire, à une somme de.	1,809,773 92

laquelle se répartissait ainsi entre les trois chapitres :

Indemnités de terrains.	1,649,773 92
Frais de notaire et autres.	60,000 00
Frais spéciaux des deux services	100,000 00
Somme égale.	1,809,773 92

On voit, par l'état n° V (p. *xvij* ci-après), qu'à la date du 15

juin 1848, le chiffre de.	1,649,773 92	
relatif au premier chapitre, avait dû être augmenté de.	10,582 78	10,582 78
et porté à.	1,660,356 70	

— Soit, par suite de quelques erreurs échappées à M. Barbey-Duquil, soit à raison des intérêts qui avaient pu échoir entre les deux époques.

Quant aux chiffres des deux autres chapitres, il ne saurait y avoir eu aucun motif pour les augmenter puisque, en les établissant tels qu'ils sont écrits ci-dessus, on y avait compris d'avance :

d'une part	9,174 60
d'autre part	3,288 67
en tout	12,463 27

qui constituaient un excédant sur la dépense connue bien plus que suffisant pour couvrir toute la dépense ultérieure.

A reporter. . . . 1,820,356 70

Report		1,820,356 70
C'est donc en définitive à une somme de.		1,820,356 70

que s'était élevé le total à payer en fin de compte pour l'ensemble des deux services du Contentieux et des Acquisitions de terrains, — sauf, d'un côté, la légère augmentation qu'avaient dû apporter dans ce total les quelques intérêts à 5 ou même à 3 0/0 qu'il avait fallu payer pour une partie seulement des indemnités restant à solder au 15 juin 1848, — sauf, d'un autre côté, la diminution considérable que le même total avait dû subir par la déduction des recettes énumérées dans les Etats n°s II, III, IV et IX ci-dessus, et du produit des diverses reventes effectuées depuis la démission de M. Lézat de Pons.

On n'a pas le moyen de préciser ici le chiffre exact qu'avaient pu atteindre les intérêts dont il vient d'être parlé ; mais c'est exagérer assurément, au profit de l'Administration, que d'élever ce chiffre à. 8,000 00

et de porter ainsi le total devant être payé en fin de compte, pour les trois chapitres, à. 1,828,356 70

Mais ce n'était pas à beaucoup près cette somme que l'Administration avait dû faire sortir des caisses de la Compagnie pour accomplir ce paiement.

Il avait fallu en déduire :

1° Le montant des recettes accusées dans les Etats II, III, IV et IX, qui suivent, soit une somme de. 31,944 31

2° La petite somme de. . . . . 200 »

provenant de la revente d'une parcelle de terrain, d'après la page 10 du Rapport de l'Administration à l'Assemblée générale du 30 avril 1849 ;

3° Une autre somme de. 21,759 80

provenant de diverses reventes d'excédants énumérés dans l'Etat A annexé au Rapport du 30 avril 1851 ;

Voilà donc, — en admettant qu'aucune revente n'eût été effectuée pendant l'exercice clos en 1850, — voilà toujours un total d'au moins. . 53,904 11 53,904 11

à déduire de la somme qui avait dû être *payée* pour trouver la somme qui avait dû être *déboursée* pour les actionnaires.

C'est donc au chiffre de. 1,774,452 59

qu'avait dû se réduire cette dernière somme. En l'élevant au chiffre de. 1,800,680 36

dans son rapport à l'Assemblée générale du 30 avril 1851, l'Administration se trompait donc, au préjudice des actionnaires, d'une différence en plus de. 26,227 77

Mais ce n'était pas là sa seule erreur.

La somme de. . . . . 12,734 »

que M. Lézat de Pons réclamait, depuis le 13 juillet 1848, et que l'Administration lui contestait encore, avait été approuvée par la Commission, votée par l'Assemblée générale, payée par les caisses de la Compagnie. Elle faisait partie intégrante de ces 100,000 francs alloués pour *Frais spéciaux des deux services* qu'on vient de voir entrer dans le total de la dépense définitive des trois chapitres. Cette somme, que l'Administration retenait ainsi dans ses mains, portait à. 38,961 77

le chiffre de l'erreur commise dans son rapport du 30 avril 1851.

Il est donc bien vrai de dire que lorsque, en vertu de l'arrêt du 31 juillet 1851, l'Administration dut payer à M. Lézat de Pons, pour les divers chefs de sa demande, une somme totale de. 34,391 50

les actionnaires avaient déjà payé plus que cette somme en sus de la dépense que l'Administration pouvait justifier avoir été faite par elle pour l'ensemble des deux services, ou, comme elle l'écrit presque toujours, pour le *Chapitre des Terrains*.

Ce n'est donc pas sans surprise qu'on peut lire, aux pages 1 et 2 du Rapport de l'Administration à l'Assemblée générale du 30 avril 1852, les paroles et les chiffres suivants :

« Terrains. 42,272 38

» Ces dépenses se composent. . . . . . .

» Pour les terrains : de règlements de prix d'acquisition, d'intérêts et frais judiciaires, et d'*une somme de*. 37,692 15

» qu'un arrêt de la Cour d'appel de Paris, en date du 31 juillet 1851, » vous a condamnés à payer à M. Lézat, ancien chef du Contentieux » de votre Compagnie, au lieu d'une somme de 170,000 qu'il réclamait. »

PARIS — IMPRIMERIE CENTRALE DE NAPOLÉON CHAIX ET Cie, RUE BERGÈRE, 20

www.ingramcontent.com/pod-product-compliance
Lightning Source LLC
LaVergne TN
LVHW020029170826
845678LV00001B/179

* 9 7 8 2 3 2 9 7 5 2 2 8 0 *